Jeffrey J. Mayer

Machen Sie Ihre TRÄUME WAHR

In **7** Schritten zu mehr privatem und beruflichem **ERFOLG**

Aus dem Amerikanischen von Anette Böckler

mvg

Die Deutsche Bibliothek – CIP-Einheitsaufnahme

Mayer, Jeffrey J.:
Machen Sie Ihre Träume wahr : in 7 Schritten zu mehr privatem und beruflichem Erfolg / Jeffrey J. Mayer. Aus dem Amerikan. übersetzt von Anette Böckler. - Landsberg / Lech: mvg-verl., 2000
Einheitssacht.: Success is a journey <dt.>
ISBN 3-478-72750-2

In Liebe gewidmet
meiner Frau Mitzi und
meiner Tochter DeLaine

Umschlaggestaltung: Vierthaler & Braun, München
Satz: Fotosatz H. Buck, Kumhausen
Druck: Himmer GmbH, Augsburg
Bindearbeiten: Thomas-Buchbinderei, Augsburg
Printed in Germany 072750/300402
ISBN 3-478-72750-2

Inhalt

Danksagungen

Eine ganze Reihe von Leuten haben zum erfolgreichen Gelingen dieses Buchprojektes beigetragen, und ich möchte ihnen für ihre Hilfe und Unterstützung meinen Dank und meine Anerkennung aussprechen.

Beginnen möchte ich mit meinem Dank an Betsy Brown, Verlagsleiterin; Susan Barry, Redaktionsleiterin; und Philip Ruppel, stellvertretender Vorsitzender und Verleger bei McGraw-Hill. Als ich Susan zum ersten Mal mit der Idee zu diesem Buch konfrontierte, sagte mir bereits der Klang ihrer Stimme am Telefon, dass sie sich sehr dafür interessierte. Kurze Zeit später machte mich Susan mit Betsy bekannt; und Betsy eröffnete mir, McGraw-Hill wolle *Success is a Journey* veröffentlichen. Eigentlich unnötig hinzuzufügen, dass ich begeistert war.

Über ein Jahr dauerte es, bis aus meinem Manuskript das vorliegende Buch geworden war. Große Anerkennung gebührt Betsy, die mir sehr geholfen hat, solch ein großartiges Buch zu schreiben. Betsy, es war eine Freude, mit dir zusammenzuarbeiten. All die Hilfe, Unterstützung und Anleitung, die du mir zuteil werden ließest, weiß ich sehr zu schätzen.

Kurt Nelson, Betsys Redaktionsassistent, fungiert als Klebstoff, der alles zusammenhält. Kurt, meinen herzlichen Dank dafür, dass du meine Fragen so prompt beantwortet hast.

Lynda Luppino ist die Marketing-Managerin bei McGraw-Hill. Lynda, dir möchte ich danken, dass du dir Zeit genommen hast für das Marketing und die Promotion von *Success is a Journey.*

Ferner möchte ich Eileen Kramer (Art Director) und ihrem Mitarbeiterstab meinen Dank aussprechen. Ihr habt mit dem Cover-Entwurf für *Success is a Journey* großartige Arbeit geleistet.

Elwood Smith ist ein hochbegabter Künstler und einer der besten Illustratoren weltweit. Er ist einfach brillant. Dies ist das dritte Buch, das Elwood für mich illustriert hat. Ich möchte ihm und seiner Frau Maggie Piccard herzlich danken für all die Beiträge, die sie zu meinen literarischen Arbeiten geleistet haben. Übrigens können Sie weitere Arbeiten von Elwood im Internet einsehen unter www.elwoodsmith.com.

McGraw-Hill hat für den Entwurf und die Publikation von *Success is a Journey* ein ganzes Team von Mitarbeitern zusammengestellt. An erster Stelle möchte ich mich bei der Chefredakteurin Jane Palmieri bedanken. Sie hat den gesamten redaktionellen Prozess meisterhaft koordiniert, geplant und überwacht.

Jane beauftragte die Firma North Market Street Graphics (Lancaster, Pennsylvania) mit Satz und Produktion von *Success is a Journey*. Die dortige Mannschaft – Patti Kahler, Art Director; Lisa Kochel, Paginierung; Ruthann Sherbine, Kundenbetreuung; Stephanie S. Landis, Lektorat – hat traumhaft gearbeitet. Ich hatte viele lange Gespräche mit Stephanie über die letzten Feinheiten meines Buches, und ich muss sagen, es ließ sich wunderbar mit ihr zusammenarbeiten. Herzlichen Dank an euch alle für all eure Hilfe.

Schließlich bleibt als weiteres Mitglied des redaktionellen Teams noch Beth Oberholtzer von Beth Oberholtzer Design (Lancaster, Pennsylvania) zu erwähnen. Beth, ich möchte mich bedanken für die hervorragende Leistung, die dir mit dem Seiten-Design und -Layout von *Success is a Journey* gelungen ist.

Mein Dank gilt ferner all denen, die sich für die Promotion von *Success is a Journey* eingesetzt haben: Claudia Riemer-Boutote, PR-Chefin; Evan Boorstyn, außerordentliches Verwaltungsratsmitglied der Publicity-Abteilung; und Lydia Rinaldi, Werbeleiterin.

Und nicht zuletzt möchte ich den beiden Frauen in meinem Leben Dank sagen, nämlich meiner Ehefrau Mitzi und meiner Tochter DeLaine. Ich möchte ihnen für die Liebe, Unterstützung und Ermutigung danken, die sie mir ganze zwei Jahre lang zuteil werden ließen, während ich mit Recherchieren, Schreiben und Publizieren dieses Buches beschäftigt war. Nie sind sie mit Fragen in mich gedrungen, etwa weshalb ich an einem Samstag- oder Sonntagmorgen um 4.00 Uhr vor meinem Computer saß. Ich verspreche, ich werde in Zukunft weniger Lärm machen!

Über den Autor

Jeffrey Meyer gilt in den USA als Spitzen-Autorität auf dem Gebiet von Zeitmanagement und Business-Management. Er verdient seinen Lebensunterhalt, indem er gestressten Leuten dabei hilft, sich besser zu organisieren, dadurch Zeit zu sparen und produktiver zu werden. Berühmt geworden ist er durch den „clean desk"-Ansatz im Bereich Zeitmanagement („clean desk" = sauberer, d.h. aufgeräumter Schreibtisch).

Man titulierte ihn „Herr Ordentlich, der Meister des Chaos" (*USA Today*); man nannte ihn den „Dekan der Schreibtisch-Putzkolonnen" (*People*); und drückte ihm den Stempel auf: „Der Produktivitäts-Guru" (*Esquire*).

Wenn er ein Büro betritt, das einer hochgiftigen Müllhalde gleicht – Sie wissen schon, Papierstapel über Papierstapel über den ganzen Raum verteilt –, verlässt er es zwei Stunden später und hinterlässt einen Schreibtisch, der dem Flugdeck eines Flugzeugträgers ähnelt. Es wurden so viele Papiere etc. weggeworfen, dass der Abfallkorb bis zum Rand gefüllt ist, ja überläuft und sich auf den Fußboden ergießt. Was bleibt, sind ein paar Aktendeckel, ein Block Papier, ein Computer, ein Telefon. Alles andere ist fein säuberlich abgelegt.

Bereits vor langer Zeit erkannte Jeff, dass man durch bessere Organisation den Arbeitstag besser unter Kontrolle bekommen kann; dass einem durch bessere Organisation mehr Zeit bleibt, sich auf die wesentliche Arbeit zu konzentrieren. Am Ende des Arbeitstages könnte man so das Büro verlassen, nach Hause gehen und mehr Zeit mit der Familie und den Freunden verbringen.

Die Kunden von Jeff haben verstanden, wie kostbar Zeit ist (Zeit ist Geld!); mit Jeffs Hilfe lernen sie, verschwendete Zeit umzumünzen in Zeit, die effizienter, effektiver und gewinnbringender genützt wird. Jeffs Spezialgebiet ist die Verbesserung der „Follow-up"-Systeme (d.h., er lehrt seine Kunden, wie es gelingt, an einer Sache dranzubleiben, das Nachfragen nicht zu vergessen etc.). Wer ein gutes „Follow-up"-System entwickelt hat, kann mehr Zeit auf die Arbeit an den wichtigen Dingen verwenden, anstatt sich mit allem möglichen Kleinkram aufzuhalten.

Seit der Gründung seiner Beratungsfirma Mayer Enterprises mit Sitz in Chicago hat Jeff bereits Zehntausenden von Männern und Frauen (viele davon in Spitzenpositionen in Fortune-500-Unternehmen) geholfen, sich besser zu organisieren, ihre Zeit effektiver zu nutzen und mehr Geld zu verdienen.

Unter seinen Kunden finden sich auch Gesellschaften wie American Express Financial Services, Commonwealth Edison, DDB/Needham Advertising, Encyclopaedia Britannica, LaSalle National Bank, Merrill Lynch, Navistar, Sears Roebuck & Co. und R. R. Donnelley & Sons Company, um nur einige zu nennen.

Die großen Zeitungen und Magazine der USA haben fast alle irgendwann ein Interview mit Jeff abgedruckt, darunter *The Wall Street Journal*, *The New York Times*, *Newsweek*, *People*, *Forbes*, *Business Week* und *Fortune*. Ferner wurde er in Hunderten von Radio- und Fernsehprogrammen in ganz Amerika interviewt, z.B. in *The Today Show*, im *American Journal*, bei CNN, CNBC und *ABC News*.

Daneben ist Jeff Herausgeber eines Newsletter – *ACT! in ACTion* – für das Kontaktmanagement-Programm *ACT!* der Firma Symantec. Sie können ein Probeexemplar erhalten, wenn Sie das Fomular auf Jeffs Internetseite ausfüllen [www.ACTnews.com].

Jeffrey Mayer würde gern von Ihnen hören

Jeff würde gern von Ihnen hören. Wie hat Ihnen sein Buch gefallen? Welche Hilfe war es Ihnen dabei, Ihre Berufung zu entdecken? Wie könnte man dieses Buch verbessern? Bitte teilen Sie Ihre Erfolgsstorys mit Jeff.

Sie erreichen ihn wie folgt:

Anschrift:	Mayer Enterprises 50 East Bellevue Place, Suite 305 Chicago IL 60611 USA
Telefon und Fax:	001/312/944–4184
E-Mail:	jeff@ACTnews.com
Internet:	www.ACTnews.com

Das Leben ist hektisch und kompliziert geworden – die Arbeit desgleichen

Das Leben ist hektisch und kompliziert geworden – die Arbeit desgleichen. Es gibt zu viel zu tun, und die Zeit reicht dafür nicht aus. Wir hetzen von einer Besprechung zur anderen und von dort zur nächsten, und kommen wir zurück ins Büro, erwarten uns dort Berge von Notizzetteln, voll mit Nachrichten von irgendwelchen Leuten, die uns sprechen wollten und bei denen wir uns nun melden müssen. Ach, und der E-Mail-Eingangskorb ist am Überlaufen und schreit nach Bearbeitung der eingegangenen Anfragen. Dabei waren wir doch nur wenige Stunden abwesend!

Auf dem Schreibtisch stapeln sich Papiere, mit denen wir irgendwas tun müssen. Da sind Briefe zu schreiben, Pläne auszuarbeiten. Wir müssen diesem und jenem nachgehen und uns um allen möglichen leidigen Kram kümmern, der schon seit Tagen, Wochen oder Monaten ansteht.

Am Bildschirm unseres Computers prangen gelbe, blaue und grüne Haftzettel, damit wir keinesfalls vergessen, was wir erledigen oder wen wir anrufen müssen. Unsere Ein- und Ausgangskörbe sind zu Zwischenlagern geworden für ungeöffnete und ungelesene Briefe, Faxe, Eilzustellungen … Genau betrachtet agieren wir die meiste Zeit des Tages als Feuerlöscher: Wir greifen immer jeweils dort ein, wo es gerade brennt.

Verlassen wir das Büro, bewaffnen wir uns mit dem Laptop – damit wir unsere E-Mail abfragen und im Internet surfen können –, dem Handy und dem Pager. Wir wagen es nicht, auch nur für wenige Augenblicke nicht erreichbar und damit nicht am Puls der Zeit zu sein.

Um wenigstens den *Versuch* zu machen, auf dem Laufenden zu bleiben, kommen wir früh ins Büro, arbeiten bis spät in die Nacht, nehmen noch das Wochenende zu Hilfe … und scheinen doch nie alles aufarbeiten zu können.

Wo steuert unser Leben hin?

Irgendetwas geht uns in all diesem wüsten Chaos verloren. Wir sind so beschäftigt und arbeiten so hart, dass uns das Gefühl dafür abhanden gekommen ist, was wir *wirklich* mit unserem Leben anfangen möchten. Was wir *wirklich* für uns und unsere Familien tun möchten.

Zugegeben: Wir gehen einer Arbeit nach, verdienen unseren Lebensunterhalt und bezahlen unsere Rechnungen. Das ist schon mal etwas. Aber wir haben darüber die Ziele, Träume und Wünsche unserer Jugend vergessen. Wir investieren eine Menge an harter Arbeit und Anstrengung, aber letztlich fehlt uns im Innersten das Gefühl von Zufriedenheit und Erfüllung, das wir brauchen; und es fehlt uns der Erfolg, von dem wir einst träumten. Wir sind so beschäftigt, dass wir nicht die Zeit haben, uns die jahrhundertealte Frage zu stellen, geschweige denn zu beantworten: „Was möchte ich tun, wenn ich erwachsen werde?"

Machen Sie Ihre Träume wahr wird Ihnen zeigen, wie Sie Ihre Träume verwirklichen können. Es wird Ihnen die nötigen Hilfsmittel an die Hand geben, damit Sie die Frage beantworten können: Wozu bin ich geboren? Es wird Ihnen helfen, einen Handlungs-Masterplan zu entwickeln und in die Tat umzusetzen. Aber vor allen Dingen wird es Sie dazu bringen, darüber nachzudenken, wer Sie sind, was Ihnen am meisten bedeutet und was Sie aus Ihrem Leben machen wollen.

Erfolg – was ist das?

Jahrelang hat mich das Thema „Erfolg" fasziniert. Wie definiert man „Erfolg"? Was versteht man darunter? Ist „Erfolg" etwas Vorübergehendes? Etwas Bleibendes?

Als ich so über diese Fragen nachgrübelte und dabei die Leistungen von anderen beobachtete, machte ich die Entdeckung, dass Erfolg nicht etwa ein Endresultat ist, sondern ein fortwährender Prozess.

In diesem Prozess gibt es jedoch Ebbe und Flut. Erfolg zeigt sich nicht kontinuierlich. Er kommt und geht, entwickelt Hochs und Tiefs. Der eine Tag ist großartig, der nächste so lala, und den dritten können Sie absolut vergessen. Aber am vierten Tag passiert etwas Großartiges, und Sie sind wieder ganz obenauf. Möglich auch, dass Sie einen fantastischen Morgen und einen miesen Nachmittag erleben, oder umgekehrt. Vielleicht haben Sie auch ein schlechtes Jahr oder eine schlechte Saison, dafür ist aber die nächste Periode viel besser. So ist das Leben!

Memo

Erfolgreiche Leute geben niemals auf. Wenn sie einen Rückschlag erleiden, raffen sie sich wieder auf und machen weiter.

Um im Lebens-„Business“ erfolgreich zu sein, müssen Sie auf Ihre bisherigen Erfolge aufbauen. Sie stecken sich ein (realistisches!) Ziel und arbeiten daran, bis Sie es erreicht haben. Dann stecken Sie das nächste Ziel etwas höher und gehen daran, dieses Ziel zu erreichen. Und so weiter.

Erfolgstipp

Gehen Sie ein Leben lang so vor, und Sie werden mehr erreichen, als Sie sich je erträumt haben.

Das höchste Ziel im Leben ist nicht nur, erfolgreich zu sein, sondern es auch zu bleiben; sich weiterhin zu steigern und immer und überall das Beste zu geben: in Arbeit und Beruf, aber auch als Ehemann, Ehefrau, Vater, Mutter, Sohn, Tochter und Freund(in). Sie haben nur ein Leben, und Sie haben die Chance, daraus ein großartiges Leben zu machen. Die Zukunft gehört Ihnen, sie steht Ihnen offen. Sie können daraus machen, was immer Sie wollen.

Der Erfolg steht und fällt mit Ihren Erwartungen

Wir sind in unserem Leben vielen äußeren Faktoren ausgesetzt; und ob wir in irgendeinem Bemühen erfolgreich sind oder nicht, wird davon bestimmt, mit welchen Erwartungen wir in die Startlöcher gegangen sind. Wir müssen die Kriterien kennen, nach denen wir uns selbst beurteilen oder von anderen beurteilt werden. Den meisten von uns geht es so, dass sie nichts von alledem, was sie in Angriff nehmen, mit hundertprozentigem Erfolg erledigen können. Aber das ist auch nicht das Ziel. Das Ziel ist vielmehr, das Beste zu geben, aus den Erfahrungen zu lernen, das Gelernte umzusetzen und beim nächsten Mal noch besser zu sein.

Erfolgstipp

Schreiben Sie Ihre Vorstellungen und Ziele auf ein Stück Papier, bevor Sie eine Aufgabe angehen. Auf diese Weise können Sie Ihre Resultate oder Leistungen mit Ihren Erwartungen vergleichen.

Welche Erwartungen hatten Sie?

Die gesamte Thematik über Erfolg oder Misserfolg ist meiner Ansicht nach sehr komplex. Die Frage, ob jemand Erfolg hat oder nicht, kann in den seltensten Fällen klar mit Ja oder Nein beantwortet werden. Denn alles hängt sehr stark von den kurz- und langfristigen Erwartungen ab, die er hatte, außerdem auch von seinen Fähigkeiten und Begabungen und seiner Ausbildung sowie einer Unmenge weiterer Faktoren, die nicht alle unbedingt seiner unmittelbaren Kontrolle unterliegen.

Es kann sehr schwierig sein, zu beurteilen, ob jemand Erfolg hatte oder nicht. Im Folgenden einige Beispiele hierfür.

Wie hast du deinen Test geschafft?

Als Sie zur Schule gingen, mussten Sie ganz bestimmt jede Menge Prüfungen absolvieren. (Bei mir war das jedenfalls so.) Haben Sie jemals die Erfahrung gemacht, dass trotz intensiver Vorbereitung nicht das herauskam, was Sie sich erhofft hatten? Wie fühlten Sie sich dann? Ich wette, Sie waren enttäuscht.

Wenn Sie andererseits ein Bombenergebnis hatten, obwohl Sie gar nicht viel für eine Prüfung gelernt hatten – wie erging es Ihnen damit? Waren Sie glücklich?

Und welches waren Ihre Gefühle, wenn bei einer Arbeit die Note herauskam, die aufgrund der hineingesteckten Arbeit und Mühe angemessen war? Bei mir war es so, dass ich in einem solchen Fall tief in mir drin immer wusste: Du hast genau das gekriegt, was du verdient hast.

Dann die Eltern: Was geschah, wenn Sie ihnen Ihr Zeugnis zeigten? Entsprach es ihren Erwartungen?

Sie sehen, der Erfolg steht und fällt mit Ihren Erwartungen.

Beispiel

Ich hatte einen Freund, der jeden Tag eifrig büffelte, vier Jahre College hinter sich brachte und in all dieser Zeit vielleicht ein einziges Mal eine Zwei bekam. Ansonsten hatte er nur Einsen. Seine Erwartungen waren so hoch, dass er sich mit allem, was schlechter war als Eins, als Versager gefühlt hätte. Bei mir verhielt es sich mit Arbeitseinstellung und Erwartungen ganz anders: Mit einer Zwei war ich höchst zufrieden, und wenn ich alle Jubeljahre eine Eins bekam, schwebte ich auf Wolken!

Konnten Sie das Problem lösen?

Sie müssen Tag für Tag Probleme lösen. Sie müssen für Ihren Chef oder Abteilungsleiter Dinge erledigen, Kunden rufen an und haben Fragen oder Probleme, und daneben gibt es eine Reihe von Aufgaben, die Sie zu Ende bringen müssen. Wahrscheinlich haben Sie es noch nie aus dieser Perspektive gesehen – aber Sie sollten sich als erfolgreich betrachten, wenn es Ihnen gelingt, das Problem zu lösen, die Frage zu beantworten, die Aufgabe zu Ende zu bringen und die Arbeit zu erledigen.

Mag sein, die Erledigung solcher 08/15-Aufgaben ist nicht eben das, was Sie als einen großen Erfolg bezeichnen würden. Und wenn schon: Es ist eine Sache mehr, die Sie gelernt haben und die Sie mit auf Ihre Reise durchs Leben nehmen können. Und es ist ein Punkt mehr, den Sie auf Ihrer Aufgabenliste ausstreichen können.

Aber was ist, wenn Sie wirklich hart an etwas arbeiten und das Ergebnis dann doch zu wünschen übrig lässt?

Oder wenn es länger dauert als erwartet? Oder wenn sich herausstellt, dass Sie nicht imstande sind, das Problem zu lösen (aber durch diese Erfahrung etwas Neues gelernt haben)?

Können Sie dann einen Erfolg verbuchen – oder haben Sie versagt?

Haben Sie das Geschäft abgeschlossen?

Wenn Sie im Handel tätig sind, mögen Sie es als Erfolg empfinden, wenn Ihnen ein dicker Geschäftsabschluss gelingt. Aber am Anfang Ihrer Karriere fühlten Sie sich vermutlich im siebten Himmel, als Sie Ihr *erstes* Geschäft abschließen konnten, auch wenn es sich nur um einen kleinen Fisch handelte. Und für einen alten Hasen, der seit einiger Zeit einen Umsatzrückgang verzeichnen muss, bedeutet der nächste Abschluss womöglich das höchste der Gefühle.

Nehmen wir ein anderes Beispiel. Eine Verkäuferin führt in diesem Jahr die Liste der Verkaufszahlen an, im nächsten Jahr nicht mehr. Angenommen, sie verkauft zwar mehr als im Vorjahr, wird aber von einer Kollegin übertrumpft … Erfolg oder Misserfolg? Wie verhält es sich, wenn sie zwar mehr Geschäfte abschließt, diese jedoch weniger Geld einbringen? Oder umgekehrt, wenn sie weniger Geschäfte abschließt bei höherem Umsatz?

Hatte sie dann ein erfolgreiches Jahr? Erfolg oder Misserfolg?

Beispiel

Ein junger Mann führte ein Beratungsgespräch in Sachen Lebensversicherung. Nach einer langen, langen Diskussion sagte der potenzielle Kunde schließlich: „Also gut, ich unterschreibe." Während der junge Mann den Antrag ausfüllte, begann ihm der Kunde zu erläutern, wie er das Verkaufsgespräch hätte führen sollen. Nach kurzer Zeit blickte der junge Mann auf und erwiderte: „Ich habe das Geschäft in der Tasche, oder etwa nicht?"

War die Firma erfolgreich?

Wie entscheidet man über Erfolg oder Misserfolg einer Firma? Dies hat wiederum zu tun mit Ihrer Position und Ihren Erwartungen. So wird beispielsweise der Firmenvorstand darauf sehen, welcher Umsatz von einem Quartal oder Geschäftsjahr zum nächsten zu verzeichnen war, und daraus auf den Erfolg der Geschäftsleitung schließen.

Er wird jedoch zu anderen Ansichten und Schlussfolgerungen gelangen als die Aktionäre und diese zu wiederum anderen als die Finanzanalysten.

Steckt jedoch die Firma noch ganz in den Kinderschuhen, mag bereits die Frage, ob man an Ultimo noch genug Cash in der Kasse hat, um die Rechnungen zu begleichen, über Erfolg oder Misserfolg entscheiden.

Beispiel

In dem James-Stewart-Filmklassiker „Ist das Leben nicht schön?" wird in einer Szene ein Sturm auf eine Bank geschildert, die als Familienunternehmen geführt wird. George Bailey, dargestellt von James Stewart, ist euphorisch, als man abends um 18 Uhr die Pforten der Bank schließen kann und immer noch zwei Dollar – ja, zwei Dollar! – in der Kasse hat. Man hat den Tag überstanden und ist noch im Geschäft.

Die Erwartungen einer etablierten Firma können sich auf das Quartal oder gar ein ganzes Jahr beziehen; hingegen wird beim jungen Unternehmen der Erfolg auf Tages- oder Wochenbasis gemessen.

Der Aktienmarkt folgt eigenen Bewertungskriterien

Publizitätspflichtige Unternehmen werden nicht nur von ihren Aktionären und Vorständen beurteilt, sondern zusätzlich von Investoren und Finanzanalysten. Diese urteilen zuweilen auf seltsam anmutende Weise über die Frage nach dem Erfolg. So bizarr es scheinen mag: Der Aktienkurs manch eines Unternehmens ist gestiegen, weil die Allgemeinheit hohe Verluste erwartete, die dann niedriger ausfielen. Und die Aktienkurse anderer Unternehmen sind gefallen, weil die Einnahmen geringer waren als erwartet. Das heißt: Das Unternehmen mit den (mäßigen) Verlusten verbuchte den Erfolg, das Unternehmen mit dem (mäßigen) Gewinn den Misserfolg. – Beispiele:

- Die *Oracle Corporation* hisste die Flagge „Vorsichtige Rendite", und die Aktien verloren an einem einzigen Tag 29 Prozent ihres Marktwertes – 9,44 Mrd. US $. Lawrence J. Ellison, der Vorsitzende des Unternehmens, hatte auf dem Papier einen Verlust von 2 Mrd. US $ zu beklagen.
- Das Elektronikunternehmen *Plexus Corporation* kündigte an, die Gewinne würden aufgrund verzögerter Kundenaufträge knapp unterhalb der Erwartungen liegen. Die Aktien fielen innerhalb eines Tages um 44 Prozent, von 25 US $ auf 14 US $.
- Die Aktien von *Silicon Graphics* stiegen an einem Tag um 22 Prozent, nachdem verlautbar geworden war, dass Richard E. Belluzzo, der zweite Mann bei *Hewlett Packard*, eingewilligt hatte, Vorsitz und Geschäftsleitung des angeschlagenen Computerunternehmens zu übernehmen. Finanzanalysten und die Kunden von *Silicon Graphics* hatten nicht erwartet, dass das Unternehmen in der Lage wäre, einen derart hochkarätigen Mann für die Führungsposition zu gewinnen.

Wie hat das Team abgeschnitten?

Im Sport wird eine Mannschaft, die eine Meisterschaft gewinnt, als erfolgreich angesehen. Aber wie steht es mit dem Vizemeister? Sind die Mitglieder jener Mannschaft *wirklich* Verlierer? Auch hier hängt alles wiederum von der Erwartung ab. Hatte man damit gerechnet, dass der Vizemeister eigentlich die Meisterschaft hätte erringen sollen, hatte die betreffende Mannschaft möglicherweise ein schlechtes Jahr. Aber angenommen, die Mannschaft rangierte unter „ferner liefen", schaffte es wider Erwarten bis ins Finale – und verlor. Zählt diese Mannschaft nun zu den Verlierern, oder kann sie ein großartiges Jahr verbuchen, weil sie bis ins Endspiel gekommen ist?

Und wie verhält es sich, wenn der Star der Mannschaft, die den Titel gewann, schlecht spielte und zum Erfolg nicht das beitrug, was man von ihm erwartet hätte? Hat er dann ein Erfolgsgefühl? Umgekehrt: Wenn der Star der gegnerischen Mannschaft hervorragende Leistung brachte und die Mannschaft dennoch verlor?

Schließlich ist da noch der Sportler, der einmal den Titel gewinnt und dann nie wieder eine vergleichbare Leistung erbringt. Wie ist es um seinen Erfolg bestellt?

Beispiel

Ich habe einmal einen Bericht über einen Läufer gelesen, der bei einer der letzten Olympiaden als Zweiter in einer Kurzstrecken-Disziplin ins Ziel ging. Er war enttäuscht, dass er nicht gewonnen hatte – und dabei war er schneller gelaufen als je zuvor. Er war nur nicht schnell genug gewesen, um das Rennen an diesem Nachmittag zu gewinnen. Für ihn war nicht klar, ob er Gewinner oder Verlierer war.

Wer hat gewonnen, wer verloren?

Im Herbst 1997 brachte *HomeCourt*, das offizielle Magazin der Utah Jazz (NBA = National Boxing Association), eine spezielle Gedenkausgabe heraus. Titel: „Die Endkämpfe“. Es handelte sich dabei um ein besonderes Heft, das der Erinnerung an die Teilnahme des Vereins an den NBA-Meisterschaftskämpfen (NBA = National Boxing Association) gewidmet war. Jeder einzelne Entscheidungskampf wurde in liebevollen Worten und Bildern nacherzählt.

Zur selben Zeit verhielten sich die Dinge in Chicago ganz anders. Die Vereinsführung der Chicago Bulls strafte den Trainer Phil Jackson mit Verachtung. Man ließ keinen Zweifel daran, dass man längst nicht sicher war, ob man ihn als Cheftrainer für die Mannschaft zurückhaben wollte. Ferner ließ man durchsickern, dass der Bulls-Star Scottie Pippen wahrscheinlich ausgetauscht würde; und dann kam Michael Jordan und kündigte an, dass er dem Team nur dann erhalten bliebe, wenn Phil Jackson wieder als Trainer engagiert würde. Ganz Chicago wurde daraufhin von Panik ergriffen.

Sie vermuten nun den Sieg bei den Jazz und die Niederlage bei den Bulls. Richtig? Falsch! Die Bulls hatten nicht nur die Meisterschaft gewonnen, sondern einen Titel nach dem anderen; fünfmal in den vergangenen sieben Jahren waren sie Champion geworden. Dennoch erklärte die Vereinsführung den Fans, dass nichts ewig währen könne, auch der Erfolg nicht.

Zu guter Letzt blieben sowohl Phil als auch Scottie und Michael. Sie schlugen übrigens die Utah Jazz im NBA-Finale 1998 und gewannen damit den sechsten Titel in acht Jahren. Das allerdings hätte keiner vermuten können, der damals – am Ende der NBA-Meisterschaft 1997 – die Reaktion beider Teams mitverfolgte.

Wie also soll man über Erfolg oder Misserfolg entscheiden? Es stehen Ihnen zwei Kriterien zur Verfügung:

1. Sie müssen Ihren Erfolg innerhalb eines bestimmten zeitlichen Rahmens betrachten: von Augenblick zu Augenblick, von Tag zu Tag, Monat zu Monat, Jahr zu Jahr – oder über die Zeitspanne eines ganzen Lebens hinweg.
2. Sie müssen die Erwartungen in Betracht ziehen, mit denen Sie an den Stand gegangen sind.

Hatte Tiger ein gutes Jahr?

Den meisten Golfspielern würde eine einzige der folgenden Leistungen genügen, um das Jahr als erfolgreich zu verbuchen:

- das Masters mit 12 Schlägen zu gewinnen und damit einen neuen Rekord aufzustellen;
- mehr Turniere in einer Saison zu gewinnen (nämlich vier) als jeder andere Spieler;
- die Spielsaison als Nummer eins der Rangliste und mit über 2 Mio US $ Preisgeld abzuschließen.

Tiger Woods erbrachte all diese Leistungen in der ersten Hälfte seiner ersten vollen Spielsaison, und damals war er im „reifen" Alter von 22 Jahren! Aber in der zweiten Hälfte der Saison 1997 ließ er deutlich nach. Er spielte in acht Turnieren, hatte keine Siege zu verzeichnen und kam nur zweimal unter die ersten zehn. Er verdiente in diesem Zeitraum nur 14,5 Prozent seines Jahreseinkommens (300.000 von insgesamt 2.066.833 US $).

Tiger Woods lebt in einer anderen Welt als Sie und ich. Von ihm wird erwartet, dass er jedes Turnier gewinnt, an dem er teilnimmt. Wenn nicht, überschlagen sich die Sensationsmeldungen. Ich frage nun Sie: War das Jahr 1997 für Tiger ein Erfolg oder ein Misserfolg?

Ist ein Football-Team, das nicht ins Finale gelangt, ein erfolgreiches Team?

Die New York Jets stellten in der Saison 1996 den größten Negativ-Rekord aller Zeiten im Profi-Football auf (sie gewannen lediglich 1 von 16 Spielen!). Dann wurde Bill Parcells Cheftrainer. Er wechselte die Spieler, er änderte Gewohnheiten und Einstellungen. Und das Team begann zu gewinnen.

Mit einem Sieg im letzten Spiel der Saison hätten sich die Jets die Teilnahme am Finale sichern können. Aber sie verloren 10:13 gegen Detroit an einem Tag, als der Schlussspieler Barry Sanders in einem fantastischen Lauf sein 2000tes Yard der Saison erstürmte. (Beim Football ist jeder Abschnitt 10 Yard = 4,57 m breit. – Anm. d. Übersetzers)

Hatten die Jets eine erfolgreiche Saison?

Dabei sein ist alles

Sie sehen, alles im Leben hängt von Ihrem Bezugsraster ab, nämlich davon, wo Sie stehen, woher Sie stammen und wohin sie gehen wollen.

Memo

Sie sollten sich dann erfolgreich fühlen, wenn Sie den Versuch wagen. Wenn Sie teilnehmen. Wenn Sie sich aufmachen und ganzen Einsatz bringen.

Erfolg ist der Versuch, das, was Sie tun, immer noch besser zu machen. Erfolg heißt wachsen und sich entwickeln. Größere und schwerere Herausforderungen annehmen. Sich nicht vor Fehlern, Rückschlägen oder Versagen fürchten. Versuchen, das Allerbeste zu geben.

Wenn sich dann zu guter Letzt herausstellt, dass das Allerbeste nicht so ganz gut genug war, müssen Sie sich eben erneut an die Arbeit machen und sich für den nächsten Anlauf intensiver vorbereiten.

Indem Sie den Versuch unternehmen, Ihre Ziele zu erreichen, zählen Sie bereits zu den Erfolgreichen. Kein Mensch kann alles und jedes mit hundertprozentigem Erfolg bewältigen (so ist das nun mal im Leben!). Wenn Sie diese einfache Tatsache erkennen und akzeptieren können, werden Sie gleichzeitig begreifen, dass versagen und verlieren ebenso zum Spiel des Lebens gehören wie Erfolg haben und gewinnen.

Also: Halten Sie an Ihren Zielen, Träumen und Wünschen fest! Verwenden Sie Ihre Energie darauf, all diese kleinen täglichen Aufgaben zu erledigen. Machen Sie sich auf und spielen Sie Ihr Spiel – und spielen

Sie es in der Absicht, zu gewinnen. Aber denken Sie nicht *ausschließlich* daran, dass Sie Spiele gewinnen wollen – es geht um ganze Meisterschaften!

Worüber Sie nachdenken sollten

Ich möchte Sie bitten, sich einen Augenblick Zeit zu nehmen und über das eine oder andere nachzudenken, was Ihnen im Leben widerfahren ist. Für den Fall, dass Sie Ihre Gedanken gern in diesem Buch festhalten möchten, habe ich einige Leerzeilen für Sie vorgesehen. Sollten Sie einen Block Papier oder Ihren Computer vorziehen – tun Sie sich keinen Zwang an.

Denken Sie nach über alles, was Sie im vergangenen Jahr angepackt haben. Wobei haben Sie Ihre eigenen Erwartungen bei weitem übertroffen? (Nennen Sie bitte drei Punkte.)

1. ______________________________

2. ______________________________

3. ______________________________

Warum übertrafen diese Leistungen Ihre Erwartungen? Welche Empfindungen löste dies bei Ihnen aus?

1. ______________________________

2. ______________________________

3. ______________________________

Bei welchen drei Unternehmen der jüngeren Vergangenheit konnten Sie Ihre Erwartungen nicht erfüllen?

1. ______________________________

2. ______________________________

3. ______________________________

Was hätten Sie anders machen können?

1. ______________________________

2. ______________________________

3. ______________________________

Was haben Sie aus diesen Erfahrungen gelernt?

1. ______________________________

2. ______________________________

3. ______________________________

In welchen Bereichen wirkten sich diese Erfahrungen auf lange Sicht gesehen aus – und wie?

1. ______________________________

2. ______________________________

3. ______________________________

Noch eines: Waren Ihre Erwartungen realistisch?

Die 13 Charakteristika erfolgreicher Leute

Viele Jahre habe ich damit zugebracht, erfolgreiche Leute zu studieren. Ich habe die Fähigkeiten, Begabungen und Charakteristika identifiziert, die sie zum Erfolg befähigen. Wenn Sie sich diese Fähigkeiten, Begabungen und Charakteristika näher ansehen, werden Sie feststellen, dass Sie viele davon selbst besitzen. Einige dieser Fähigkeiten und Begabungen sind ausgeprägter als andere und werden eine größere Rolle für Ihren jetzigen und künftigen Erfolg im Lebens-„Business" spielen. Das sind genau die Dinge, die Ihnen von Natur aus liegen, die Dinge, die Ihnen leicht fallen, die Sie ohne große Anstrengung bewältigen können. Mit anderen Worten: Ihre Stärken.

Sollten Sie der Meinung sein, Ihnen fehlt eine Fähigkeit oder Begabung, die Sie unbedingt brauchen, dann machen Sie sich auf und suchen Sie jemanden (es kann auch eine Gruppe von Personen sein), der genau diese Fähigkeiten und Begabungen und genau diese Ausbildung besitzt. Die Fähigkeiten und Begabungen, die Ihre eigenen vervollständigen! Machen Sie diese Leute zu Ihrem Team oder Beraterstab, zu Ihren Kollegen, Mitarbeitern und Freunden. Mit solch kombinierten Fähigkeiten und Begabungen wächst und gedeiht jedes Unternehmen, und der Erfolg ist garantiert.

Die folgenden fünf Punkte sind allen erfolgreichen Leuten gemeinsam:

1. Sie haben einen Traum.
2. Sie haben einen Plan.
3. Sie besitzen Spezialwissen oder -ausbildung.
4. Sie sind zu harter Arbeit bereit.
5. Sie akzeptieren ein Nein nicht als Antwort.

Memo

Erfolg beginnt im Kopf. Nur wenn Sie an Ihren Erfolg glauben, werden Sie Erfolg haben.

Im Folgenden eine Liste derjenigen Fähigkeiten, Begabungen und Charakteristika, die Sie bei erfolgreichen Leuten vorfinden werden:

1. **Erfolgreiche Leute haben einen Traum.** Ihre Absichten sind wohl definiert. Sie haben ein bestimmtes, klares Ziel. Sie wissen, was sie wollen. Sie lassen sich nicht ohne weiteres von den Gedanken und Meinungen der anderen beeinflussen. Sie besitzen Willenskraft, Ideen. Ihr starker Wunsch führt zu starken Ergebnissen. Sie machen sich auf und tun genau die Dinge, von denen die anderen sagen, sie seien nicht machbar.

Memo

- Es bedarf nur einer einzigen vernünftigen Idee, um Erfolg zu erzielen.
- Die Leute, die sich im Leben selbst übertreffen, sind die, die Ergebnisse produzieren – nicht Entschuldigungen. Mit Entschuldigungen und Erklärungen dafür, warum man es nicht geschafft hat, kann jeder kommen. Aber wer Erfolg haben will, tut gut daran, keine Entschuldigungen zu suchen.

2. **Erfolgreiche Leute sind ehrgeizig.** Sie wollen etwas erreichen. Sie sprühen vor Enthusiasmus, Engagement und Stolz. Sie besitzen Selbstdisziplin. Sie sind bereit zu harter Arbeit und scheuen keinen zusätzlichen Aufwand. Der brennende Wunsch nach dem Erfolg ist ihr Markenzeichen. Deshalb sind sie entschlossen, alles zu tun, um ihre Aufgabe zu erledigen.

Memo

Mit harter Arbeit stellen sich Ergebnisse ein. Lebensfreude stellt sich ein, wenn man auf ein Ziel hinarbeitet und etwas erreicht.

3. **Erfolgreiche Leute sind stark motiviert, Leistung zu erbringen.** Eine Aufgabe zu erfüllen verschafft ihnen große Befriedigung.
4. **Erfolgreiche Leute sind zielstrebig.** Sie konzentrieren sich auf ihre Hauptziele und -vorhaben. Sie verzetteln sich nicht. Sie schieben nichts auf. Sie nehmen die wichtigen Projekte in Angriff und erledigen sie nicht auf den letzten Drücker. Sie sind produktiv – nicht nur beschäftigt.
5. **Erfolgreiche Leute lernen, wie man etwas zu Wege bringt.** Sie schöpfen alles an Fähigkeiten und Begabungen, Energie und Wissen voll aus. Sie tun, was getan werden muss – nicht nur das, was sie gerne tun. Sie sind gewillt, hart zu arbeiten und sich ganz einzubringen, um die Aufgabe zu bewältigen.

Memo

Man findet sein Glück im Tun und Vollbringen, nicht im Haben und Besitzen.

Beispiel

Vor vielen Jahren wurde ich einmal gefragt: „Jeff, was ziehst du vor: schöne Gepflogenheiten oder schöne Ergebnisse?“ Da saß ich nun und wand mich in meinem Sessel wie ein Wurm am Angelhaken. Eine prekäre Frage! Ich fühlte mich ziemlich in die Enge getrieben. Einige Augenblicke später antwortete ich: „Schöne Ergebnisse.“ Und von dem Moment an veränderte sich mein Leben. Ich tat nicht mehr das, was bequem war, sondern nahm die schwierigen Dinge in Angriff, weil ich so meine Ziele erreichen konnte.

6. **Erfolgreiche Leute übernehmen Verantwortung für das, was sie tun.** Sie liefern keine Entschuldigungen. Sie wälzen die Schuld nicht auf andere. Sie jammern und klagen nicht.
7. **Erfolgreiche Leute suchen nach Lösungen für ihre Probleme.** Ihr Denken ist auf Möglichkeiten und Chancen ausgerichtet. Sie packen jede Gelegenheit beim Schopf.
8. **Erfolgreiche Leute sind entschlussfreudig.** Sie denken über Problemstellungen und die dafür relevanten Fakten nach, widmen ihnen die angemessene Überlegung und Erwägung und fällen prompt die Entscheidung – ohne langes Fackeln, ohne Verschieben und Hinauszögern.

Erfolgstipps

- Verwenden Sie mehr Zeit auf das Nachdenken und Planen, bevor Sie Ihre Entscheidung treffen, und Sie werden bessere Entscheidungen treffen.
- Wenn die einmal getroffene Entscheidung nicht zu den erwarteten Ergebnissen führt, müssen Sie eine Kursänderung erwägen. Betrachten Sie eine Entscheidung nie als unumstößlich.

9. **Erfolgreiche Leute haben den Mut, einen Fehler einzugestehen.** Wenn Ihnen ein Fehler unterläuft, geben Sie ihn zu, haken Sie ihn ab – und machen Sie weiter. Verschwenden Sie nicht eine Menge an Zeit, Energie, Geld etc. darauf, einen Fehler oder eine schlechte Entscheidung zu verteidigen.

Memo

Wenn man sich irrt, gibt man es vielleicht vor sich selbst zu. In einer freundlichen und taktvollen Umgebung gibt man es vielleicht auch anderen gegenüber zu; möglicherweise empfindet man sogar Stolz, weil man sich offen und großherzig gezeigt hat. Aber jeder geht in die Defensive und reagiert sauer, wenn er die Fehler eines anderen in die Schuhe geschoben bekommt.

10. **Erfolgreiche Leute verlassen sich auf sich selbst.** Mit ihren Fähigkeiten, Begabungen und Erfahrungen verfügen sie über alles, was sie zum Erfolg benötigen.
11. **Erfolgreiche Leute besitzen Spezialwissen, eine spezielle Ausbildung und/oder besondere Fähigkeiten und Begabungen.** Sie wissen alles, was sie wissen müssen, um erfolgreich zu sein. Und sollten sie Information, Wissen oder Fähigkeiten und Begabungen benötigen, die über das eigene Potential hinausgehen, finden sie ganz einfach jemanden, der diese Lücke schließt.
12. **Erfolgreiche Leute schätzen die Zusammenarbeit.** Sie sind positive, kontaktfreudige Persönlichkeiten. Sie umgeben sich mit Leuten, von denen sie Hilfe, Unterstützung und Ermutigung erfahren. Sie besitzen Führungsqualität.
13. **Erfolgreiche Leute sprühen vor Enthusiasmus**. Ihre Arbeit erfüllt sie mit Begeisterung, und diese Begeisterung steckt an. Jeder will gerne mit ihnen zusammenarbeiten oder mit ihnen ins Geschäft kommen; jeder hat gerne mit ihnen zu tun.

Schritt 1
Erfolgreiche Leute haben einen Traum

Es gibt acht Erfolgsprinzipien, denen alle erfolgreichen Leute folgen. Machen Sie sich diese Prinzipien zu Eigen, und Sie werden im Leben mehr erreichen, als Sie sich je erträumt haben.

Prinzip 1: Erfolgreiche Leute haben einen Traum

Um erfolgreich zu sein, brauchen Sie einen Traum, eine Vision, eine brennende Leidenschaft, eine herrliche Besessenheit. Sie müssen etwas wollen, und zwar unbedingt. Dieser Traum bzw. dieses Ziel oder diese Besessenheit muss zur primären Triebkraft Ihres Lebens werden.

Sie müssen Begeisterung mitbringen, Hingabe, Stolz; die Bereitschaft zu harter Arbeit; die Bereitschaft, mehr zu tun als üblich; die Bereitschaft, alles zu tun, was nötig ist, damit die Sache gelingt. Sie bekommen im Leben nur dann das, was Sie wollen, wenn Sie Motivation, Tatkraft und Energie besitzen.

Beispiel

Keith Reinhard, der Vorsitzende und CEO von DDB Needham, war besessen von dem einen Wunsch: Er wollte den Werbeauftrag für McDonald's zurückgewinnen, den er 1981 verloren hatte. 15 Jahre lang bombardierte er McDonald's mit unverlangten Vorschlägen zu Werbekampagnen. Er reiste um die Welt, um sich von überall her die besten Ideen der McDonald's-Werbung zu holen. Er spickte sogar seine Gespräche mit Zitaten von Ray Kroc, dem Gründer von McDonald's. Nie ließ er den Kontakt zu den Leuten aus der Marketing-Abteilung von McDonald's abreißen. Schließlich begann er 1991, sich regelmäßig mit Paul Schrage zu treffen, dem Marketing-Chef des Unternehmens. Fünf Jahre später strebte man bei McDonald's die Entwicklung einer komplett neuen Werbestrategie an – und betraute DDB Needham mit dieser Aufgabe.

Die Rückkehr von John Glenn

Am 20. Februar 1962 umrundete John Glenn als Astronaut der Mercury-Kapsel „Friendship 7“ die Erde dreimal und wurde zum Nationalhelden. Doch anstatt glücklich zu sein, war der Held frustriert, weil er keine Möglichkeit bekam, ins Weltall zurückzukehren. 1996 bat er den NASA-Verwaltungschef Daniel S. Goldin, ihn als „Versuchskaninchen“ ins All zu entsenden – um so zu beweisen, dass die Weltraumforschung dem älteren Menschen zugute kommen könnte. Glenn sprach rund 50-mal im Lauf der nächsten beiden Jahre mit allen möglichen NASA-Leuten über seinen Vorschlag. Im Januar 1998 gab die NASA bekannt, dass Glenn als 76-Jähriger noch einmal die Genehmigung zu einer Reise ins All erhalte; so könne er „zeigen, dass Senioren das Zeug dazu haben“.

Die Wahrscheinlichkeit, dass sich der erträumte Erfolg auch wirklich einstellt, wächst mit der Intensität Ihrer Leidenschaft und Hingabe. Wo ein anderer lediglich seiner Arbeit nachgeht und seinen „Job“ erledigt, tun Sie – getrieben von dieser tiefen Leidenschaft und Hingabe – genau das, was Ihnen am Herzen liegt und Freude macht. Und dafür werden Sie obendrein auch noch bezahlt.

Erfolgstipp

Prägen Sie sich fest ein, was genau Sie tun wollen. Machen Sie sich dann auf und tun Sie es!

Die Herausforderung liegt darin, dass jeder für sein Leben herausfinden muss, welches brennende Anliegen er auf dem Herzen hat oder wofür er eine brennende Leidenschaft hegt. Deshalb gestatten Sie, dass ich Sie frage:

- Welches ist Ihre brennende Leidenschaft?
- Welches ist Ihr brennender Wunsch?
- Was wollen Sie tun? Von welchen Taten träumen Sie?
- Was wollen Sie erreichen? Von welchen Zielen träumen Sie?
- Wozu sind Sie geboren?

Ich bin dazu geboren,

____

____

____

____

____

Wenn Sie diese Fragen noch nicht beantworten können – okay. Verschwenden Sie keinen zweiten Gedanken daran. Lesen Sie einfach weiter, denken Sie nach, träumen Sie. Sie werden in diesem Buch mehr als genug Hinweise finden, mit deren Hilfe Sie entdecken können, wozu Sie geboren sind. Setzen Sie sich nicht unter Druck: Es ist unwahrscheinlich, dass Sie diese Entdeckung über Nacht machen. Und wenn Sie diese erste Hürde genommen haben, kann es noch einige Jahre, wenn nicht ein ganzes Leben dauern, bis Ihr Traum Wirklichkeit wird. Das ist es, was das Leben so spannend macht.

Memo

Es ist das Mühen um die Entdeckung dessen, wozu Sie geboren sind, das Ihr Leben so bedeutsam, interessant und herausfordernd gestaltet.

Beispiele

Manche Leute erreichen den Höhepunkt ihres Lebens in einem Alter, in dem sie von anderen längst als jenseits von gut und böse abgestempelt sind. Im Folgenden drei Beispiele:

- Winston Churchill war 66 Jahre alt, als er im Frühjahr 1940 – zu Kriegszeiten! – Premierminister Großbritanniens wurde. Seine politische Karriere galt seit 1932 als beendet.
- Ray Kroc war 55 Jahre alt, als er den Gebrüdern McDonald deren kleine Kette von Hamburger-Buden abkaufte. Er machte daraus das McDonald's-Imperium.
- Fanny Blankers-Koen nahm 1936 als Leichtathletin an den Olympischen Spielen teil. Sie war damals 18 Jahre alt, und die Leistung von Jesse Owens inspirierte sie in solchem Maß, dass sie sich schwor, sie würde 1940 eine Medaille für die Niederlande gewinnen. Aber aufgrund des Zweiten Weltkriegs wurden die Spiele sowohl 1940 als auch 1944 abgesagt. Als die nächste Olympiade 1948 in London anlief, war Fanny Blankers-Koen 30 Jahre alt; sie war verheiratet und Mutter zweier Kinder. Sie konnte sich ausrechnen, dass ihre besten Jahre vorüber waren. Dennoch ging sie ins Rennen. Sie gewann vier Goldmedaillen.

Werden Sie ein Träumer

Werden Sie ein Träumer. Träumen Sie von den Dingen, die Sie tun wollen, die Sie erreichen wollen, die Sie haben wollen. Je größer die Träume, desto größer die Erfolge.

Memo

Zuerst müssen Sie davon träumen. Dann müssen Sie hart arbeiten und alles daransetzen, damit Ihre Träume Wirklichkeit werden.

Teilen Sie Ihre Träume mit Ihren Freunden, Ihrer Familie, Ihren Mitarbeitern und Ihren Kollegen. Finden Sie Leute, die sich mit Ihnen zusammentun wollen. Suchen Sie nach Leuten, die Ihnen mit Hilfe, Rat und Ermutigung zur Seite stehen können. Leute, die Ihnen helfen werden, Ihren Traum wahr werden zu lassen. Leute, die von Ihrem Traum ebenso begeistert sind wie Sie selbst.

Erfolgstipps

- Trennen Sie sich von den Neinsagern. Sie können es sich nicht erlauben, sich mit Leuten zu umgeben, die Sie nicht unterstützen und die Ih-

re Begeisterung nicht teilen. Solche Leute ergötzen sich daran, Sie herunterzuziehen und Ihre Energie und Begeisterung zu schmälern. Sie müssten Unmengen von Zeit darauf ver(sch)wenden, diese Neinsager davon zu überzeugen, dass Sie das auch vollbringen *können*, was Sie zu vollbringen träumen.
- Gut darf Ihnen nicht gut genug sein: Streben Sie danach, hervorragende Arbeit zu leisten.

Damit Sie Ihre Träume verwirklichen können, müssen Sie zunächst alle nötigen Handlungen minutiös planen – sprich einen Masterplan entwerfen; diesen Plan gilt es dann in die Tat umzusetzen. (Wie dies konkret aussieht, wird im Kapitel „Schritt 2" ausführlich erläutert.)

Welche fünf Personen werden Sie bei Ihren Bemühungen unterstützen, Ihren Traum zu verwirklichen?

1. ______________________________
2. ______________________________
3. ______________________________
4. ______________________________
5. ______________________________

Achten Sie auf regelmäßigen Kontakt zu diesen Personen; halten Sie sie über alles auf dem Laufenden, was sich in Ihrem Leben abspielt.

Prinzip 2: Erfolgreiche Leute haben Freude an ihrer Arbeit

Was auch immer Sie im Leben tun: Es muss Ihnen Freude machen. Sie müssen Ihre Arbeit gerne tun. Sie müssen Ihre Zeit gerne mit den Menschen verbringen, mit denen Sie zusammenarbeiten. Sie müssen Ihre Kunden mögen, Ihre Lieferanten etc.

Wenn es Ihnen aus irgendeinem Grund an Freude fehlt, wenn Sie sich nicht glücklich fühlen, wenn Sie sich vom Leben eigentlich mehr Vergnügen, Befriedigung und/oder Spaß erwartet haben, dann ist es an der Zeit, eine berufliche Kursänderung in Angriff zu nehmen.

Genau das ist es, was ich am Leben so großartig finde: Alles vollzieht sich durch negative Auslese. Geben Sie sich selbst die Chance, viele verschiedene Dinge auszuprobieren und die unterschiedlichsten Erfahrungen zu sammeln. Finden Sie heraus, welche Aufgaben Sie *nicht* gerne erledigen, und versuchen Sie dann etwas anderes.

Wenn Sie sich bei einer Sache wohl fühlen und für Sie all das herausspringt, was Sie brauchen und wollen – bleiben Sie dabei! Entwickeln sich hingegen Belastungen, Druck und Spannungen, ist dies ein Warnzeichen dafür, dass etwas nicht stimmt. Anhaltende Störungen dieser Art sollten Sie dazu veranlassen, sich zu verändern.

Memo

Es ist keine Katastrophe, wenn Sie eine Arbeit beginnen und feststellen, dass Sie sie nicht mögen. Aber die Katastrophe ist vorprogrammiert, wenn Sie sich dazu entschließen, bei dieser Arbeit zu bleiben.

Erfolgstipp

Erfolg ist unmöglich, wenn Ihnen Ihre Arbeit keine Freude macht oder Sie sich in Ihrem Arbeitsumfeld nicht wohl fühlen.

Zwei starke Gedanken

Machen Sie sich die beiden folgenden starken Gedanken zu Eigen:

- Lassen Sie Ihre Arbeit Spiel und Ihr Spiel Arbeit sein.
- Finden Sie eine Arbeit, die Sie gerne tun, und Sie werden Ihr ganzes Leben lang nie mehr arbeiten.

Denken Sie kurz über das nach, was Sie gerade eben gelesen haben. Lesen Sie diese Gedanken dann ein zweites und ein drittes Mal. Es handelt sich um einfache, aber sehr wichtige Strategien.

Eine Arbeit, die ungern gemacht wird, ist höchst selten von Erfolg gekrönt. Jeder Mensch braucht eine Arbeit, die ihm ein Gefühl der Befriedigung vermittelt. Die Arbeit muss sich lohnen. Andernfalls reduziert sich alles auf einen bloßen Job, zu dem man Tag für Tag hingehen muss.

Memo

Wenn Sie etwas lieben, ist es wertvoll für Sie. Wenn etwas für Sie wertvoll ist, lassen Sie es sich etwas kosten: die Zeit, daran zu arbeiten; die Zeit, es zu genießen; die Zeit, sich darum zu kümmern.

Take me out to the Ball Game (Bring mich zum Baseball-Spiel)

Harry Caray wuchs auf mit einer Leidenschaft für Baseball und dem Wunsch, Radio- bzw. Fernsehsprecher zu werden. Seine erste Anstellung erhielt er 1945 als Kommentator der St. Louis Cardinals, und von dem Zeitpunkt an war er 54 Jahre lang als Kommentator für die Cardinals, die Chicago White Sox und die Chicago Cubs tätig. Carays Kommentare brachten Spannung in langweilige Spiele und lockten die Fans in das alte Baseball-Stadion. Caray liebte Baseball mit allem, was dazugehört. Den Ball werfen. Den Ball schlagen. Den Ball fangen.

Während des siebten Durchgangs (Inning) pflegte Harry die Baseball-Hymne „Take me out to the ball game“ (Bring mich zum Baseball-Spiel) mitzusingen. Bill Veeck, dem Besitzer der White Sox, fiel eines Tages auf, dass die Fans unmittelbar unter der Tribüne durch die Bretter hindurch dem Singen zuhörten und gleichfalls mitsangen. Jahrelang hatte Veeck auf den richtigen Mann gewartet, der dieses „Take me out to the Ball Game“ singen könnte. Also beschloss er, am nächsten Spielabend ein Mikrofon in der Tribüne zu verstecken, mit dem Harrys Gesang in das Stadion übertragen werden könnte. Als nun der Organist „Take me out to the Ball Game“ anstimmte, begann Harry wie üblich zu singen, und Veeck schaltete das Mikrofon ein. Mit einem Mal hallte das Stadion von rund 10.000 Stimmen wider. Veeck hatte ganz richtig vorhergesehen, dass jeder, der Harry singen hörte, augenblicklich mit einstimmen würde – ganz einfach, weil jeder wusste, dass er besser singen konnte als Harry. Eine Tradition war geboren. Im Jahr 1989 wurde Harry Caray in die Baseball-Ruhmeshalle aufgenommen. Bei dieser Gelegenheit sagte er von sich: „Ich habe mich bei jeder einzelnen Baseball-Übertragung bemüht, den Fans nach besten Kräften zu dienen. Meiner Ansicht nach sind sie die ungekrönten Helden unseres Nationalspiels.“

Er liebte das Leben. Er liebte die Menschen. Er liebte Baseball. Es gab nichts auf der Welt, was ihm mehr Freude bereitete.

Was liegt Ihnen so sehr am Herzen, dass Sie unentgeltlich dafür arbeiten würden? (Notieren Sie bitte 5 Punkte.)

1. ______________________________

2. ______________________________

3. ______________________________

4. ______________________________

5. ______________________________

Und nun heißt Ihre Herausforderung: Machen Sie sich auf und finden Sie jemanden, der Sie dafür anstellt und bezahlt, dass Sie genau das tun, was Sie mit Vergnügen auch unentgeltlich tun würden. Vielleicht sollten Sie auch mit sich selbst ins Geschäft kommen.

Prinzip 3: Erfolgreiche Leute besitzen ein Verlangen

Für den Erfolg im Leben ist es unabdingbar, ein Verlangen zu besitzen. Sie müssen etwas wollen. Sie müssen sich nach etwas sehnen. Sie müssen von einer brennenden Leidenschaft erfüllt sein. Sie müssen die Frage beantworten können: „Wie sehr möchte ich es?"

Doch ist Verlangen zunächst nur ein Gefühl. Entscheidend ist, dass Sie den Wunsch in eine Tat ummünzen. Sie müssen den Entschluss fassen, sich aufzumachen und etwas zu *tun*. Dann haben Sie sich den Ausgangspunkt geschaffen, von dem aus Ihr Traum Wirklichkeit werden kann.

Erfolgstipps

- Der Erfolg ist Ihnen garantiert, wenn Sie sich etwas so sehnlich wünschen, dass Sie kein Nein als Antwort akzeptieren. Von allen Leuten sind diejenigen am erfolgreichsten, die gewillt sind, alles zu tun, was die Aufgabe verlangt – was auch immer es sei.
- Wenn Sie erst einmal wissen, was Sie wirklich wollen, werden Sie Himmel und Erde in Bewegung setzen, um es zu bekommen. Und ist es Ihnen wichtig genug, werden Sie in Ihren Bemühungen nicht eher nachlassen, als bis Sie es in Händen halten. Worauf warten Sie noch? Machen Sie aus Ihrem Wunsch eine alles verzehrende Leidenschaft. Erfahren Sie am eigenen Leib, welche Kraft von einem Wunsch ausgeht, sobald dieser zu einer Besessenheit wird.

Memo

Man sieht einem Menschen die Größe seines Herzens nicht an.

Sobald Sie sich etwas wirklich brennend wünschen und regelrecht besessen von Ihrem Anliegen sind, besitzen Sie eine Stärke und Kraft, die jegliche Vorstellung sprengt. Damit können Sie alles an Enttäuschungen und Entmutigungen verkraften, vorübergehende Niederlagen wegstecken, Kritik aushalten sowie sämtliche Kommentare der notorischen Neinsager ertragen, die Ihnen erzählen werden, Sie verschwenden ja doch nur Ihre Zeit.

Sie müssen glauben! Wenn Sie nicht an sich selbst glauben – wer dann?

Erfolgstipp

Wollen Sie Erfolg haben, müssen Sie gewillt sein, alles zu tun, was zum Erreichen des Ziels erforderlich ist. Lassen Sie den Worten Taten folgen!

Memo

Was ohne Anstrengung und Kosten erreichbar ist, gilt meist nur wenig. Wir neigen dazu, nur den Dingen einen Wert beizumessen, die ihren Preis haben. Wenn alles im Leben einfach wäre – wo wären die Herausforderungen? Wie könnten wir wachsen? Es gäbe keine Entwicklung, und wir blieben immer dieselben. Wie langweilig!

John Elway ist ein Sieger!

John Elway war Quarterback der Denver Broncos (und wurde als solcher in die Ruhmeshalle aufgenommen); man sagt von ihm, dass er während der großen, entscheidenden Spiele Erstickungsanfälle erlitt. 15 Jahre lang gab er nicht auf. In diese 15 Jahre fielen drei schmerzliche Niederlagen im Super Bowl (allerdings muss gesagt werden, dass es die Denver Broncos ohne Elway niemals bis zum Super Bowl geschafft hätten) und ein Dutzend weitere Spielzeiten, an denen manch anderer Star zerbrochen wäre. John Elway drückte sich vor keiner Verantwortung; er wälzte nie die Schuld auf einen anderen ab. Er gab immer alles, was er zu geben hatte. Er tat alles, was man von einem Sieger erwartet – außer eben den Super Bowl zu gewinnen.

Und dann fand sich John Elway mit seinen Teamkameraden im Endspiel des Super Bowl XXXII gegen den Titelverteidiger Green Bay Packers. Elway selbst spielte schlechter als der Quarterback der gegnerischen Mannschaft, Brett Favre.

Dennoch gewannen Elway und die Denver Broncos haushoch mit 31:24. Es war der 139. Sieg, den Elway als Quarterback der Broncos verbuchen konnte. Elway – der Mann, der mehr Spiele gewonnen hatte als jeder andere Quarterback der NFL (National Football League) – hatte schließlich auch den Super Bowl gewonnen.

Prinzip 4: Erfolgreiche Leute haben Glauben

Es genügt nicht, zu träumen und zu wünschen. Sie müssen auch *glauben* – glauben, dass Sie es schaffen können. Glaube hat viele positive Auswirkungen:

- Glaube macht Sie lebendig.
- Glaube gibt Ihnen Kraft.
- Glaube ist der Ausgangspunkt für Ihren Erfolg.
- Glaube überwindet Grenzen und Beschränkungen.
- Glaube hört auf die noch schwache Stimme, die Ihnen von ganz tief innen sagt, wer Sie sind und was Sie sein wollen.

Mit Glauben und harter Arbeit gelangen Sie zum Erfolg

1. Ihr Wunsch nach Erfolg muss sich zu einer Besessenheit auswachsen. Er muss so stark sein, dass Sie sich von nichts aufhalten lassen.
2. Stellen Sie einen Plan auf. Dieser soll Schritt für Schritt und in allen Einzelheiten sämtliche Arbeitsgänge erfassen, die Sie erledigen müssen, um zum Erfolg zu gelangen.
3. Führen Sie Ihren Plan durch – Geduld, Ausdauer und Hartnäckigkeit sind hierbei gefragt. Erfolg kommt nicht von heute auf morgen. Folgen Sie immer Ihrem Plan. Sie dürfen sich unter keinen Umständen davon ablenken lassen oder eine andere Richtung einschlagen.
4. Weigern Sie sich, eine Niederlage zu akzeptieren!

Ausdauer

Nichts auf der Welt kann Ausdauer ersetzen:

Talent nicht – Hoch talentierte, erfolglose Menschen sind alles andere als eine Seltenheit.
Genie nicht – Man denke an das sprichwörtliche verkannte Genie.
Bildung nicht – Die Welt ist voll von gebildeten Versagern.

Nur mit Ausdauer können Sie alles bewirken.

Calvin Coolidge

Prinzip 5: Erfolgreiche Leute sind ihres eigenen Glückes Schmied

Vielleicht denken Sie: Na ja, der ist eben erfolgreich, weil er Glück gehabt hat. Erfolg – eine Frage des Glücks? Nein, gewiss nicht: Glück spielt für den Erfolg überhaupt keine Rolle.

Erfolgreiche Leute leben nicht von der Hoffnung, dass sich einmal eine glückliche Fügung für sie ergibt. Sie sorgen selbst für diese Fügung. Sie schmieden sich ihr Glück selbst. Und genau das sollten Sie auch tun!

Schmieden Sie: Arbeiten Sie hart daran, sich die Position zu schaffen, aus der heraus Sie Ihre Chancen nutzen können. Suchen Sie gezielt nach Situationen, die möglicherweise solche Chancen beinhalten – und greifen Sie zu. Dann zählen Sie zu denjenigen, die „Glück gehabt" haben in den Augen derer, die passiv von außen dem Erfolg der anderen zusehen.

Beispiel

Wenn ich über „Glück" nachdenke, sehe ich immer den Schläger (batter) in einem Baseballspiel vor mir, der geduldig auf seinen Wurf wartet. Er verschwendet keinen Versuch auf Würfe, die außerhalb der Schlagzone auf ihn zukommen; er kümmert sich nicht um irgendwelche verfehlten Schläge (strikes). Sondern er wartet auf den mit Wucht geworfenen Ball (fast ball), der genau richtig kommt – holt mächtig aus – und schlägt zu, was das Zeug hält.

Und wenn sich die rechte Gelegenheit heute nicht einfindet, sollten Sie nicht die Hände in den Schoß legen, sondern weiterhin das tun, was Sie am besten können, immer in Richtung auf das Ziel hin.

In meinem Leben hat sich gezeigt: Wenn ich nicht damit aufhöre, das zu tun, was ich als richtig erkannt habe, gehen plötzlich und unerwartet irgendwelche Türen auf. Sitze ich aber nur da und warte, dass etwas geschehe, geschieht nie etwas.

Rocky: Einen scheinbar aussichtslosen Kampf gewinnen

In den frühen 70er Jahren brach Sylvester Stallones Welt zusammen. Er war als junger Schauspieler nach Manhattan gezogen und hatte dort den verschiedensten Leuten vorgesprochen. Ab und zu fiel für ihn eine kleine Rolle in irgendeiner Show ab (natürlich nicht am Broadway), aber meistens blieb er eben arbeitslos. Als er für die Hochzeitsszene im *Paten* nicht einmal eine Statistenrolle erhielt, war er auf dem absoluten Tiefpunkt angelangt.

So wandte er sich mit ganzer Kraft dem Schreiben zu. Er ging so weit, seine Fensterscheiben schwarz anzumalen – um nur nicht abgelenkt zu werden. Sein „Lehrmeister" war das Fernsehen: Stallone sah sich eine Show an, prägte sich das Beste daraus ein – und schrieb eine ähnliche Szene. So begann er mit der Zeit, die ganze Bedeutung von Schauspiel zu erfassen. Er schrieb viele Theaterstücke und konnte einige davon sogar verkaufen.

Im März 1975 sah er einen Boxkampf zwischen Muhammad Ali und einem relativ unbekannten Boxer namens Chuck Wepner. Dieser Boxkampf inspirierte ihn zu einem Film: *Rocky*.

Der Erlösungsgedanke – jemand rettet einen anderen unter Einsatz des eigenen Lebens – hatte Stallone von jeher fasziniert. Also setzte er sich auf den Hosenboden, schrieb *Rocky*, verkaufte das Drehbuch und spielte die Titelrolle im Film.

1976 wurde *Rocky* mit dem Oscar für den besten Film ausgezeichnet; Sylvester Stallone wurde für den Oscar für den besten Darsteller und das beste Drehbuch nominiert. Inzwischen gibt es über 23 Filme von Sylvester Stallone; allein seine *Rocky*- und *Rambo*-Serien aus dem Bereich des Action- und Abenteuerkinos spielten nahezu 2 Mrd. US $ ein.

Wissen Sie übrigens, wer in den *Rocky*-Filmen die Freundin bzw. Ehefrau des Titelhelden darstellte? Keine andere als Talia Shire – die Schauspielerin, die in der Hochzeitsszene des Paten als Braut vor dem Traualtar stand.

Das Leben eines Handelsreisenden

Ich kann mich gut an einen Werbespot erinnern, der vor einigen Jahren im Fernsehen lief. Ein übergewichtiger Mann in mittleren Jahren mit beginnender Glatze versucht, etwas zu verkaufen. Er führt ein Verkaufsgespräch nach dem anderen – aber nie kommt etwas dabei heraus.

Die nächste Szene zeigt ihn im Flugzeug sitzend, auf dem Nachhauseweg nach einer Woche, die für ihn eine einzige Pleite bedeutet hat. Seine Papiere liegen ausgebreitet auf dem kleinen ausklappbaren Tischchen, und er müht sich ab, seinen Spesenbericht mit Hilfe eines Taschenrechners abzuschließen. Er sieht erbärmlich aus. Enttäuschung, Frustration und Erschöpfung stehen ihm ins Gesicht geschrieben. Er ist am Ende.

Wie er so das Spesenformular ausfüllt, fragt sein Sitznachbar höflich an, ob er sich denn den Taschenrechner ausleihen dürfe. Im Nu befinden sich die beiden mitten in einem lebhaften, intensiven Gespräch, und zu guter Letzt erteilt der Fremde unserem Handelsvertreter einen dicken Auftrag.

Glück gehabt? Nein! Von Glück kann nicht die Rede sein. Der Handelsreisende arbeitete hart und beständig daran, sich selbst in eine Position zu bringen, die ein Geschäft grundsätzlich möglich machte. Das einzig Zufällige an seinem Erfolg war die eher unerwartete Richtung, aus welcher der Auftrag letztlich kam.

Memo

Sie können es sich nicht leisten, sich auf den Glücksfall zu verlassen – es sei denn auf den Glücksfall, den Sie selbst herbeiführen.

Erfolgstipp

Es ist ein Unterschied, ob man etwas nur haben möchte oder ob man willens ist, sich das Gewünschte zu holen (z.B. durch harte Arbeit). Sie müssen daran *glauben*, dass Sie es schaffen!

Prinzip 6: Erfolgreiche Leute fürchten keine Niederlage

Erfolgreiche Leute kalkulieren mit ein, dass die Dinge nie exakt nach Plan laufen. Und wenn Sie noch so hart arbeiten – früher oder später werden Sie der Tatsache ins Auge sehen müssen, dass Sie versagt haben. Sie haben etwas versucht, und der Erfolg blieb aus. Das Resultat lässt zu wünschen übrig.

Beispielsweise bekamen Sie nicht die Stellung, auf die Sie gehofft hatten. Sie erhielten nicht die Gehaltserhöhung, die Sie verdient haben. Das große Geschäft ging Ihnen durch die Lappen. Ihr stärkster Kunde ist abgewandert. Sie haben die Tür nicht rechtzeitig aufgekriegt, als der Summer ertönte. Da war ein Haar in der Suppe. Irgendwo gab es eine Funktionsstörung. Sie haben versagt. Na und!?

Sie werden nicht jedes Geschäft erfolgreich abschließen. Sie werden nicht jedes Spiel gewinnen. Sie werden nicht jeden Elfmeter im Tor landen. Sie werden nicht immer das bekommen, was Sie wollen. Niederlagen sind in Ordnung. Sie sind ein Teil des Lebens, und deshalb sollten Sie auch damit rechnen.

Viel entscheidender ist die Frage: Was tun Sie als Nächstes? Wie gehen Sie mit Ihrer Niederlage um? Frank Sinatras Antwort lautet:

„Sich hochrappeln und den Kampf wieder aufnehmen.
Das ist das Leben …“

Das heißt: Sie bemitleiden sich nicht selbst. Sie blasen nicht Trübsal. Sie stehen auf und versuchen es erneut. Und noch einmal. So lange, bis es klappt!

Niederlagen sind ebenso Teil des Lebens wie Erfolge, verlieren gehört ebenso dazu wie gewinnen. Zerbrechen Sie sich also nicht den Kopf über einen Misserfolg. Aber überlegen Sie, was zu tun ist, um nicht ein zweites Mal in gleicher Weise zu versagen.

Das Leben setzt sich zusammen aus Erfahrungen von Versuch und Irrtum. Ein Lehrer zeigt uns, wie etwas geht, und dann probieren wir es selbst. Beim ersten Mal ist das Resultat wahrscheinlich nicht so, wie wir es uns wünschen. Also machen wir einen zweiten Versuch, einen dritten und vierten. Mit der Übung wächst der Erfolg. Wir steigern uns weiter, indem wir uns an etwas heranwagen, das schon ein wenig schwieriger ist. In dem Maß, wie uns die Arbeit gelingt, wachsen sowohl unsere Erwartungen als auch die Befriedigung, die dem Gefühl entspringt, einer Aufgabe gerecht geworden zu sein.

Also werden wir unsere Ziele etwas höher stecken. Schließlich wollen wir noch bessere Ergebnisse erzielen als zuvor; außerdem wollen wir besser sein als unsere Konkurrenten. Und wir versuchen es wieder. So gelangen wir immer weiter nach oben.

Jeder Erfolg spornt uns zu noch größerer Leistung an. Jeder Misserfolg lässt uns gezielt daran arbeiten, unsere Fähigkeiten und Begabungen auszubauen – um dann einen erneuten Versuch zu wagen.

Erfolg hat viel mit Niederlage zu tun. Denn durch die Niederlage wachsen wir und entwickeln unsere Persönlichkeit. Wir lernen aus den Niederlagen. In den Niederlagen entdecken wir unsere Schwächen und Unzulänglichkeiten – die Bereiche unseres Lebens, die verbesserungsbedürftig sind.

Um Ihre Ziele zu erreichen, sich Ihre Wünsche zu erfüllen und Ihre Träume zu verwirklichen, werden Sie arbeiten müssen. Harte Arbeit bringt Sie dahin, dass Sie Ihre Aufgaben immer besser erfüllen werden; eine gelegentliche Niederlage ist nichts weiter als ein Teil des Lebens.

Memo

Wenn Sie nie eine Niederlage erleiden, arbeiten Sie nicht hart genug.

Tausend Dinge, die *nicht* funktionierten

Jemand sagte einmal zu Thomas Edison: „Hören Sie, Sie sind ein Versager." Ein Versager deshalb, weil Edison viel Zeit und Anstrengung darauf verwendet hatte, eine elektrische Glühbirne zu konstruieren, ohne dass es ihm bis dato gelungen wäre. Edison hingegen empfand seine Arbeit als erfolgreich; immerhin hatte er herausgefunden, was alles nicht funktionierte. Er wusste, er würde erst dann Ruhe geben, wenn er etwas gefunden hätte, das funktionieren *würde*. Ja, uns allen bleiben Fehlschläge und Niederlagen auf unserem Lebensweg nicht erspart, und nicht immer erzielen wir die Ergebnisse, die wir uns vorstellen. Aber viele solcher Fehlschläge lassen sich vermeiden oder zumindest auf ein Mindestmaß reduzieren – durch intensiveres Nachdenken und Planen, bevor die eigentliche Arbeit beginnt. Edison arbeitete nach dem Modus „Versuch und Irrtum" und mit dem festen Entschluss, nicht aufzugeben.

Lernen Sie aus Ihren Fehlern

Nach jedem Fehlschlag sollten Sie sich etwas Zeit nehmen und darüber nachdenken, was eigentlich geschehen ist. Notieren Sie schriftlich die Antworten zu den folgenden Fragen:

- Warum ist es dazu gekommen?
- Was hätte ich anders machen können?
- Wie kann ich es beim nächsten Mal besser machen?
- An welchem Punkt und in welcher Weise sollte ich meine Strategie ändern?
- Was kann ich tun, um meine Planung und Vorbereitung zu verbessern?

Die Furcht vor der Niederlage überwinden

Was ist eine Niederlage? Von einer Niederlage sprechen wir dann, wenn das Ergebnis unserer Bemühungen hinter unseren Erwartungen zurückbleibt. Die Furcht vor der Niederlage hingegen ist etwas anderes. Sie wirkt lähmend.

Leider gehen viele Leute mit einer ständigen Furcht vor möglichen Niederlagen durchs Leben. Sie haben Angst, etwas falsch zu machen; Angst, nichts zu Wege zu bringen; Angst, unvollkommen zu sein. Vor lauter Angst versuchen sie gar nicht erst, irgendetwas zu tun – sie sind wie gelähmt. In diesem Zustand der Paralyse haben sie auch nicht die geringste Chance auf ein lohnendes, sinnerfülltes und schönes Leben.

Was ist Furcht?

Furcht heißt, ängstlich sein, besorgt sein. Furcht ist das Gefühl, dass Sie in Gefahr schweben. Die Gefahr kann dabei real sein oder nur in unserer Fantasie existieren. Aber in jedem Falle ist Furcht lediglich eine innere Haltung, die Ihrer Kontrolle und Lenkung unterliegt. Sie können davonlaufen, oder Sie können sich der Ursache Ihrer Furcht stellen – und als Person wachsen.

Im Folgenden die sechs Symptome der Furcht:

1. Gleichgültigkeit: Sie geben etwas auf, weil Sie es als unwichtig empfinden, als unter Ihrem Niveau und weil Sie damit nicht belästigt werden wollen.
2. Unentschlossenheit: Sie können sich nicht zu einem Entschluss durchringen. Sie wissen nicht, ob Sie etwas tun oder lassen sollen, ob Sie lieber dies oder jenes tun sollen. Und deshalb tun Sie gar nichts.
3. Zweifel: Sie sind nicht sicher, was Sie tun sollen. Sie können sich zu nichts entschließen. Sie sind verzagt.
4. Sorge: Sie sind besorgt, fühlen sich unwohl; Sie sind nicht sicher, dass Ihre Entscheidung *richtig* war. Es fehlt Ihnen an Zuversicht.
5. Übertriebene Vorsicht: Sie sind übervorsichtig. Sie überprüfen alles und jedes nicht nur einmal, sondern endlos. Sie brauchen die Gewissheit, dass auch wirklich alles seine Richtigkeit hat.
6. Zögern: Sie schieben alles auf. Sie zögern jede Handlung hinaus. Ehe Sie etwas in Angriff nehmen, warten Sie erst einmal ab – und bis Sie sich zu einem Entschluss durchringen, ist die Gelegenheit längst vorüber.

Keiner, der sich vor der Niederlage fürchtet, wird jemals etwas erreichen. Es ist aus rein physikalischen Gründen unmöglich, da er ja nie einen Versuch riskiert. Er gibt sich selbst keine Chance, erfolgreich zu sein.

Wachstum und Entwicklung sind darin begründet, dass man etwas tut, versucht oder erfährt, womit man zuvor noch keine Erfahrungen hatte. Durch Übung werden diese Dinge im Lauf der Zeit immer besser gelingen.

Prinzip 7: Erfolgreiche Leute geben nicht auf!

Wir haben bislang über träumen, wünschen, glauben und Glück haben gesprochen; wenden wir uns jetzt dem Thema „aufgeben“ zu. Wir alle gelangen immer wieder an den Punkt, an dem der Erfolg scheinbar in weite Ferne rückt. Jeder von uns hat mal einen schlechten Tag; bei keinem von uns laufen die Dinge immer so, wie sie sollen; jeder von uns kennt das Gefühl, die ganze Welt habe sich gegen einen verschworen, weil alles, was man anfasst, irgendwie den Bach runtergeht.

Aber gerade in solchen Zeiten widriger Umstände mobilisieren wir alle Stärken, die tief in uns verborgen sind; gerade dann zwingen wir uns, weiterzumachen, durchzuhalten, nach vorn zu schauen. Auch andere Leute haben ihre größten Kunden verloren, ihre Arbeitsstelle, einen geliebten Menschen; auch bei anderen Leuten sagte der Partner plötzlich: „Mir reicht's, ich gehe.“ Und dergleichen mehr.

Jetzt heißt es, trotz allem genug Durchhaltevermögen, Willenskraft, Energie und Mut aufzubringen, um weiterzumachen. Und tatsächlich weiterzumachen. Denn gerade dann, wenn wir mit widrigen Umständen zu kämpfen haben, wachsen wir. Wir müssen Dinge tun, die wir nie zuvor getan haben. Und wir tun sie.

Sie müssen damit rechnen, dass Sie im Lauf Ihres Lebens Rückschläge, vorübergehende Niederlagen und den einen oder anderen Misserfolg erleiden werden – und vielleicht haben Sie ja solche Erfahrungen bereits hinter sich. Die Frage ist: Wie soll man damit umgehen?

Aufgeben? Wegen *einer* Niederlage? Mitnichten!

Aufzugeben ist immer der einfachste Weg; wenn Sie ihn beschreiten, wird Ihr Leben allzu langweilig. Abgesehen davon: Das Leben muss ja irgendwie weitergehen. Was machen Sie also als Nächstes? Zerbrechen Sie sich darüber nicht den Kopf. Versuchen Sie lieber herauszufinden, was denn eigentlich geschehen ist, wie es denn eigentlich so weit kommen konnte. Fehlschläge sind dazu da, dass wir daraus lernen; und zwar, indem wir

- unsere Fehler analysieren;
- herausfinden, was schief gelaufen ist und warum es schief gelaufen ist;
- überlegen, was beim nächsten Mal anders gemacht werden könnte;
- aus der Niederlage eine Lehre ziehen
- und einen neuen Versuch starten!

In der Niedergeschlagenheit des Augenblicks, wenn Sie vor Ihrem persönlichen Scherbenhaufen stehen, mag es Ihnen am einfachsten und logischsten scheinen, aufzugeben. Diesem Gefühl dürfen Sie nicht nachgeben! Arbeiten Sie stattdessen umso entschlossener daran, beim nächsten Versuch besser abzuschneiden. Akzeptieren Sie nie eine Niederlage.

„Es gibt nur eine Antwort auf eine Niederlage: Sieg."

Winston Churchill

Memo

- Ein Fehlschlag oder eine momentane Niederlage sind wie ein offenes Fenster zu neuen Möglichkeiten.
- Wirklich versagen können Sie nur, indem Sie aufgeben. Der letzte Versuch muss also erfolgreich sein.

Prinzip 8: Erfolgreiche Leute akzeptieren kein Nein als Antwort

Erfolgreiche Leute sind ausdauernd. Sie geben nicht auf. Wenn sie ein Projekt in Angriff nehmen, bleiben sie dabei bis es abgeschlossen ist. Sie akzeptieren kein Nein als Antwort. Die Grundlage ihrer Ausdauer ist Willenskraft. Ihre Haltung spiegelt sich wider in dem Satz:

„Ich werde es schaffen!"

Im Leben ist alles möglich. Aber um Erfolg zu haben, benötigen Sie einen Traum; Sie benötigen einen Plan; und Sie dürfen ein Nein nicht als Antwort akzeptieren.

Es dauerte *lediglich* zwölf Jahre

H. Richard Hornberger (Thorax-Chirurg) war während des Koreakriegs als Hauptmann im Medizinischen Korps der US Army tätig. Als er vom Krieg nach Hause kam, begann er mit der Arbeit an dem ersten seiner drei Kriegsromane. Zwölf Jahre dauerte es, bis das Manuskript fertig war. Doch ein Verleger um den anderen lehnte es ab. Schließlich wurde sein Buch M*A*S*H 1968 durch William Morris veröffentlicht – und wie es weiterging, ist allgemein bekannt: Der Roman wurde verfilmt, und der Film war so erfolgreich, dass er 1970 die dritthöchsten Einspielquoten erbrachte; daraufhin wurde er zu einer Fernsehshow umgearbeitet – eine der populärsten Fernsehshows überhaupt.

Edmund Vance Cooke

Wie starben Sie?

Packten Sie das aufgetretene Problem
mit resolutem oder fröhlichem Herzen an?
Oder steckten Sie den Kopf
feige und furchtsam in den Sand?
Ach, ein Problem kann eine Tonne wiegen oder ein Gramm –
ein Problem ist nämlich stets das, was Sie daraus machen.
Und nicht die Tatsache zählt, dass Sie verwundet wurden,
sondern allein die Frage: Wie verkrafteten Sie die Verletzung?

Sie wurden vernichtend geschlagen? Na, na, und wenn schon!
Stehen Sie mit lächelndem Gesicht wieder auf.
Dass Sie auf die Nase gefallen sind, spricht nicht gegen Sie,
aber liegen bleiben – das wäre eine Schande.
Je härter man Sie zu Boden wirft, desto höher federn Sie zurück;
seien Sie stolz auf Ihr blaues Auge!
Nicht die Tatsache zählt, dass Sie in die Pfanne gehauen wurden,
sondern allein die Frage: Wie kämpften Sie und warum?

Und selbst wenn Sie getötet werden – was soll's?
Wenn Sie gekämpft haben, so gut Sie es vermochten;
wenn Sie Ihren Teil zum Weltgeschehen beigetragen haben,
wird der Kritiker von einem Erfolg sprechen.
Der Tod kommt für den einen schleichend, für den anderen unversehens,
und gleichgültig, ob so oder so –
nicht die Tatsache zählt, dass Sie tot sind,
sondern allein die Frage: Wie starben Sie?

(Freie Übersetzung aus dem Englischen; Abdruck in der amerikanischen Originalausgabe *Success is a Journey* mit freundlicher Genehmigung der NTC Contemporary Publishing Group aus: *101 Famous Poems*, © 1903 by Edmund Vance Cooke)

Was haben Sie aus Ihrem Leben gemacht?

Ich möchte Sie nun einladen, mit mir zusammen darüber nachzudenken, wer Sie sind, was Ihnen wichtig ist, was Sie am meisten schätzen und wohin Sie Ihr Leben lenken möchten. Schreiben Sie Ihre Gedanken auf. Benutzen Sie dazu je nach Gusto entweder die Leerzeilen in diesem Buch, ein Stück Papier oder das Schreibprogramm in Ihrem PC.

Nachdem Sie Ihre Listen erstellt haben, überdenken Sie alles noch einmal. Kommen Ihnen zusätzliche Gedanken in den Sinn, notieren Sie diese an entsprechender Stelle. Die vollständigen Listen sind dann wie ein Plan, der Ihnen verrät, wo der Schatz liegt: Sie zeigen Ihnen, wozu Sie geboren sind.

Wenn Sie erst einmal wissen, wer Sie sind, was Sie tun wollen und wohin Sie Ihr Leben lenken möchten, ergibt sich alles andere von selbst. Die übergeordnete Zielrichtung lenkt Ihre Schritte: Die Ziele, Träume und Wünsche, die Sie von jeher hegen, bestimmen Ihren Beruf. Die beruflichen Ziele legen fest, worin Ihre Arbeit besteht. Die Verantwortung, die Sie tragen – bei der Arbeit, zu Hause und auch sich selbst gegenüber –, entscheidet darüber, was Sie an jedem einzelnen Tag tun werden.

Welches sind Ihre hauptsächlichen Leistungen und Erfolge?

Welches sind die wichtigsten Leistungen und Erfolge, die Sie bisher im Leben erbracht bzw. errungen haben? Wofür wurden Sie gelobt? Auf welche Projekte können Sie zurückblicken in dem Gefühl, gute Arbeit geleistet zu haben?

Hier interessiert nicht, welche Funktionen Sie innehatten; überlegen Sie vielmehr, was Sie effektiv getan, geleistet haben. Seien Sie präzise.

Die wesentlichsten Erfolge meiner Karriere bzw. meines Lebens

1. ______________________________
2. ______________________________
3. ______________________________
4. ______________________________
5. ______________________________
6. ______________________________

7. ______________________________

8. ______________________________

9. ______________________________

10. ______________________________

Einige Lektionen, die ich auf dem Weg zu diesen Erfolgen gelernt habe

1. ______________________________
2. ______________________________
3. ______________________________
4. ______________________________
5. ______________________________

Worauf sind Sie am meisten stolz?

Auf welche Taten in Ihrem Leben sind Sie am meisten stolz? Was hat Ihnen die größte Befriedigung vermittelt?

Einige der Taten, auf die ich am meisten stolz bin

1. ______________________________
2. ______________________________
3. ______________________________
4. ______________________________
5. ______________________________
6. ______________________________
7. ______________________________
8. ______________________________
9. ______________________________
10. ______________________________

Welches sind Ihre Fähigkeiten und Begabungen?

Von einem Großteil der Fähigkeiten und Begabungen, die Sie durch Ihre derzeitige oder vorherige Arbeit erworben oder geschult haben, können Sie auch in neuen Situationen profitieren. Setzen Sie sich bitte mit den folgenden Fragen auseinander:

- Was tue ich gern, woran habe ich Freude?
- Was kann ich gut? Von welchen Fähigkeiten mache ich Tag für Tag bei meiner jetzigen Arbeit Gebrauch? Welche anderen Fähigkeiten sind mir in früheren Positionen zugute gekommen?
- Welche Art von Arbeit geht mir leicht von der Hand?
- Was macht mir wirklich Freude? Wenn ich einen bombastischen, befriedigenden Arbeitstag hinter mir habe und zurückblicke – welche Fähigkeiten habe ich an diesem Tag eingesetzt?
- Wenn ich mehr Zeit hätte – was würde ich damit anfangen? Welche Fähigkeiten oder Begabungen würde ich gerne weiterentwickeln?
- Wenn ich nicht arbeiten müsste – wie würde ich meine Zeit zubringen?

Eine Berufung innerhalb der Berufung

Im Alter von 12 Jahren verspürte Agnes Bojaxhiu den Wunsch, Nonne zu werden. Mit 18 kam sie zu den Loreto-Schwestern, und bereits wenige Jahre später leitete sie eine Mädchenschule in der indischen Stadt Darjeeling nördlich von Kalkutta. 1946 empfing sie eine „Berufung innerhalb der Berufung". Daraufhin verließ sie die Schule, um eine medizinische Grundausbildung zu absolvieren, und begann anschließend ihre guten Werke unter den Ärmsten von Kalkutta. Sie war überzeugt, dass dies ihr Platz im Leben war. 1952 konnte sie den Stadtoberhäuptern von Kalkutta ein schäbiges einstöckiges Gebäude abringen, das man ihr als Grundstock für ein Sterbehaus zur Verfügung stellte; Agnes machte daraus ein Heim für diejenigen Sterbenden, die aufgrund ihrer Armut dazu verurteilt waren, ihr Leben auf der Straße auszuhauchen. Sie gründete zahlreiche Heime und Wohnstätten, in denen elternlose Kinder, Leprakranke und alte Menschen ein liebevolles und fürsorgliches Zuhause fanden. Als Agnes Bojaxhiu – besser bekannt als Mutter Teresa – im Alter von 87 Jahren starb, war sie zu einer der bedeutendsten Persönlichkeiten der ganzen Welt geworden.

Notieren Sie alles, was Ihnen in den Sinn kommt; auch Ihre Hobbys und Freizeitinteressen. Viele haben es geschafft, aus einem Hobby oder Freizeitinteresse ein äußerst lukratives Geschäft zu machen. Vielleicht nehmen Sie an dieser Stelle Ihren PC zu Hilfe, denn ich habe nur 20 Leerzeilen vorgesehen. Diese sollten Ihnen kaum reichen; wenn Sie nämlich im Lauf der kommenden Tage, Wochen und Monate *ernsthaft* über Ihre Fähigkeiten und Fertigkeiten nachdenken, müssten mindestens 30, vielleicht auch 40 oder 50 Punkte auf der folgenden Liste stehen.

Meine Fähigkeiten und Begabungen

1. ______
2. ______
3. ______
4. ______
5. ______
6. ______
7. ______
8. ______
9. ______
10. ______
11. ______
12. ______
13. ______
14. ______
15. ______
16. ______
17. ______
18. ______
19. ______
20. ______

Einige Lektionen, die ich während der Arbeit mit diesen Fähigkeiten und Begabungen gelernt habe

1. ______
2. ______
3. ______
4. ______
5. ______
6. ______
7. ______
8. ______
9. ______
10. ______

Was schätzen Sie im Leben am meisten?

Was schätzen Sie am meisten? Was ist Ihnen wirklich wichtig?

Je klarer Sie sich sind, was Sie heute wollen, desto leichter haben Sie es, Ihre Träume zu verwirklichen. Denken Sie bitte über die folgenden Fragen nach:

- Was schätzen Sie im Leben am meisten?
- Was macht Sie am glücklichsten?
- Woraus beziehen Sie die meiste Befriedigung und Erfüllung?
- Was war für Sie in den vergangenen drei Jahren am wichtigsten?
- Was ist heute für Sie am wichtigsten?
- Was wird Ihrer Einschätzung nach in den kommenden drei Jahren für Sie am wichtigsten sein?

Was ich im Leben am meisten schätze

1. ______________________________
2. ______________________________
3. ______________________________
4. ______________________________
5. ______________________________
6. ______________________________
7. ______________________________
8. ______________________________
9. ______________________________
10. ______________________________

Schritt 2
Erfolgreiche Leute haben einen Handlungs-Masterplan

Erfolg beginnt mit einem Traum. (Wenn Sie keinen Traum haben – welchen Grund oder welche Motivation hätten Sie, irgendetwas zu tun?) Ist dieser Traum erst einmal geträumt, müssen Sie Mittel und Wege finden, ihn Wirklichkeit werden zu lassen. Und dazu benötigen Sie einen Masterplan für Ihre Handlungen.

Warum einen Masterplan? Ganz einfach: Weil Sie ohne einen Masterplan unmöglich Erfolg haben können. Der Masterplan ist Ihr persönlicher Wegweiser, der Ihnen Schritt für Schritt jeden Punkt aufzeigt, den Sie erledigen müssen, damit sich Ihr Traum erfüllt.

Die Wahrscheinlichkeit, dass Sie Ihre Ziele erreichen, erhöht sich durch einen solchen Masterplan immens – bei einem viel geringeren Zeit- und Kraftaufwand.

Memo

Wenn Sie beim Planen versagen, planen Sie Ihr Versagen. Intelligente Planung ist für den Erfolg eines jeglichen Unterfangens unerlässlich.

Mit einem Masterplan sparen Sie Zeit

Durch einen Masterplan bewahren Sie sich selbst davor, Zeit, Energie und Geld zu verschwenden. Freilich kostet es einiges an Mühe, einen solchen Masterplan auszuarbeiten. Wie man denkt und plant, hat keiner richtig gelernt. Man bringt uns immer nur bei, Dinge zu tun. Jeder ist höchst beschäftigt – aber nicht unbedingt *produktiv*.

Wir leben heute in einer Gesellschaft, in der viele Dinge ohne Nachdenken erledigt werden. Unsere Orientierung gilt der Tat, nicht dem Planen. Meiner Erfahrung nach gelangt man aber viel leichter an das Ziel seiner Wünsche, wenn man sich die nötige Zeit nimmt, um herauszufinden, welche konkreten Schritte dafür erforderlich sind.

Zeitspartipp

Verwenden Sie mehr Zeit auf Überlegung und Planung, bevor Sie Verpflichtungen eingehen und Geld ausgeben. Sie werden dadurch viel schneller ans Ziel gelangen und gleichzeitig weniger an Zeit und Geld investieren müssen.

Ich weiß, Sie möchten viel lieber einfach loslegen und die Sache „erledigen“. Aber gestatten Sie mir einige Fragen:

- Angenommen, Sie haben Urlaub und wollen nach Wyoming fahren, in den Yellowstone Nationalpark (oder an einen beliebigen anderen Ort) – wäre es nicht hilfreich, wenn Sie eine Straßenkarte zur Verfügung hätten? Wäre es nicht sinnvoll, ausreichend Bargeld mitzuführen, Reiseschecks und Kreditkarten, genug eben, um Benzin, Essen und das Motel zu bezahlen? Außerdem würden Sie vermutlich auch etwas Kleidung einpacken, nicht zu vergessen Angelzeug, Wanderausrüstung und einen Sonnenschirm. So ein klein wenig Planung im Vorfeld macht den Urlaub mit Sicherheit angenehmer.
- Angenommen, Sie bauen ein Haus – meinen Sie nicht, dass es hilfreich wäre, sich von einem Architekten einen Satz Baupläne entwerfen zu lassen? Daraus könnten Sie im Detail Größe und Form sämt-

licher Räume ersehen, ebenso das vorgesehene Baumaterial. Sicher wäre es auch nicht schlecht, wenn Sie neben den Bauplänen einen Kostenvoranschlag des Bauunternehmers vorliegen hätten. Und würden Sie nicht auch die Bodenbeläge sowie die Farbe für den Wandanstrich auswählen wollen? Wiederum zeigt sich: Wenn man überlegt und plant, bevor man ans Werk geht und Geld ausgibt, lässt sich manches Problem im Keim ersticken, und man gelangt leichter ans Ziel.

Was ich mit diesen beiden einfachen Beispielen sagen möchte: Die Zeit, die Sie auf die Planung Ihrer Vorgehensweise und Handlungsabläufe verwenden, bevor Sie zur Tat schreiten, ist gut angelegt, denn sie erhöht Ihre Erfolgsaussichten eminent. Gleichzeitig sinkt die Wahrscheinlichkeit, dass Ihnen Fehler unterlaufen. (Muss ich darauf hinweisen, dass solche Fehler viel Zeit und Geld kosten können?)

Bringen Sie Ihren Plan zu Papier

Pläne, die nicht niedergeschrieben werden, sind keine Pläne! Es sind lediglich Gedanken und Vorstellungen, die in Ihrem Kopf herumschwirren. Schriftlich in Form gebracht hingegen, lassen sie auch Ihren Traum Form annehmen. Sie werden Ihren Masterplan tagtäglich betrachten, werden über Ihre Zielsetzungen nachdenken und dann entscheiden, welchen Punkt Sie als Nächstes erledigen müssen.

Im Lauf der Zeit werden Sie den einen oder anderen Punkt auf Ihrem Masterplan ergänzen, Sie werden einzelne Inhalte neu arrangieren und zahlreiche Änderungen vornehmen. Dadurch richten sich Ihre Aktionen immer schärfer auf das eine Ziel. Der schriftlich fixierte Plan erhöht Ihre Chancen auf Erfolg, weil Sie nur das tun, was Sie Ihrem Ziel näher bringt; weil Sie Ihre kostbare Zeit, Ihre Energie und Ihr Geld ausschließlich dafür einsetzen. Beherzigen Sie Folgendes:

- Große Leistungen sind das Resultat großer Pläne.
- Setzen Sie sich ein erreichbares Ziel. Sind Sie – dank harter Arbeit – an diesem Ziel angelangt, setzen Sie sich ein neues.
- Sie können träumen, was immer Sie wollen. Aber solange Sie keinen Masterplan haben, solange Sie den Masterplan nicht in die Tat umsetzen, machen Sie sich nur selbst etwas vor. Sie verschwenden Ihre Zeit! Nichts wird sich tun.

Memo

„Wenn du nicht weißt, wohin du gehst, wirst du auch nicht wissen, wo du bist, wenn du dort ankommst."

Yogi Berra

Den Masterplan erstellen

Wie aber bekommen Sie Ihren Masterplan aufs Papier?

1. Nehmen Sie ein Blatt Papier und beginnen Sie zu schreiben. (Das ist nun mal der allererste Schritt!)
2. Führen Sie Punkt für Punkt alles auf, was Sie tun müssen, damit Sie das bekommen, was Sie haben wollen.
3. Wenn Ihnen weitere Punkte in den Sinn kommen, zögern Sie nicht, sie Ihrer Liste hinzuzufügen.
4. Gehen Sie äußerst detailliert vor. Je mehr Information Sie aufs Papier bringen, desto mehr Kontrolle haben Sie über die Situation. So können Sie sicher sein, dass Ihnen nichts durch die Lappen geht.
5. Nehmen Sie sich reichlich Zeit, über Ihr Projekt nachzudenken. Es handelt sich nicht um eine Angelegenheit, die innerhalb eines Tages erledigt werden kann. Gut möglich, dass es Wochen dauert, Monate, Jahre oder gar ein ganzes Leben lang.

Memo

Der Erfolg liegt im Detail. Konzentrieren Sie sich auf die winzigsten Einzelheiten. Ob Sie Erfolg oder großen Erfolg haben werden, hängt davon ab, welche Aufmerksamkeit Sie dem Detail widmen.

Erfolgstipps

- Viele Schreibprogramme (z.B. Word Perfect, Word) bieten Outline Features – Gestaltungsmöglichkeiten, mit deren Hilfe sich Gedanken und Ideen übersichtlich in verschiedenen Kategorien anordnen lassen. Ich arbeite ständig damit, weil ich die Erfahrung gemacht habe, dass sich auf diese Weise Gedanken leichter strukturieren und im Bedarfsfall problemlos neu arrangieren lassen. Je weiter man im Planungsprozess voranschreitet, als desto wertvoller erweisen sich diese Outline Features.
- Konstruieren Sie einen „Bauplan" für Ihren Traum. Sparen Sie nicht mit Details: Ihre Erfolgsaussichten wachsen mit jeder Information, die Sie zu Papier bringen.

- Stehen Sie eine Stunde früher auf als sonst und widmen Sie diese Zeit der Arbeit an Ihrem Masterplan. Gönnen Sie sich diese zusätzliche Stunde konzentrierter, ungestörter Arbeitszeit! Sie werden staunen, wie viel Sie in dieser Zeit zu Wege bringen.

Ihr Masterplan ist in ständiger Veränderung begriffen

Rechnen Sie damit, dass Sie fast täglich Korrekturen und Veränderungen an Ihrem „fertigen" Masterplan vornehmen werden. Sie müssen sich vorstellen, Ihr Masterplan sei ein lebendiges, atmendes Dokument mit Eigenleben, geboren aus Ihren Träumen und Visionen, Ihrer Fantasie und Ihren Handlungen.

Wenn es nämlich an die Durchführung des Masterplans geht, werden Sie schnell feststellen, dass Ihnen hier und da in Ihren Gedanken oder Ihrem Urteil ein Fehler unterlaufen ist. Es werden plötzlich Aspekte auftauchen, die in Ihren Erwägungen nie eine Rolle gespielt haben, an die Sie überhaupt nicht gedacht haben. Möglich, dass sich sogar herausstellt, Sie haben Ihren Plan auf Fehlannahmen oder Missverständnisse gegründet. Rechnen Sie damit, dass so etwas geschieht. Die Dinge laufen im Leben nun einmal nicht nach Plan, und das gilt auch für das Berufsleben. Erwarten Sie also das Unerwartete.

Planen Sie von vornherein ein, in regelmäßigen Abständen Korrekturen und Modifikationen vorzunehmen. Unterwegs zur Verwirklichung Ihres Traums befinden Sie sich in der gleichen Lage wie der Kapitän eines Segelschiffs, der von A nach B, von B nach C usw. segeln soll. Als Seemann weiß er, dass er auf See in jedem Augenblick auf eine Veränderung der Situation gefasst sein muss:

- Die Winde ändern sich fortwährend. Sie können die Richtung wechseln und von unterschiedlicher Intensität sein – von der Flaute bis hin zum Orkan.
- Der Seegang kann schwer, leicht oder kabbelig sein.
- Die Gezeiten ändern sich: Es kann Ebbe oder Flut sein.
- Das Wetter kann klar oder stürmisch sein.

Wie geht nun der Kapitän vor? Er führt ständige Kurskorrekturen durch, je nach Wind, Seegang und Gezeiten. Ständig passt er die Segelstellung an die Gegebenheiten an. Er nimmt alles wahr, was um ihn herum geschieht, damit er die notwendigen Veränderungen mit der geringstmöglichen Verzögerung veranlassen kann.

Im Lebens-„Business“ werden Ihnen Entscheidungen abverlangt. Je nachdem, was um Sie herum vorgeht, werden Sie einmal gefällte Entscheidungen möglicherweise modifizieren oder ganz neue Entscheidungen treffen wollen. Wie der Seemann, der fortwährend die Segelstellung gemäß den Gegebenheiten von Wind, Wetter und Seegang optimiert, müssen Sie fortwährend Ihren Masterplan abändern, angleichen und korrigieren.

Rechnen Sie bei der Durchführung Ihres Masterplans damit, dass Sie neben den Erfolgen auch Rückschläge und Niederlagen erleben werden. Mal läuft es gut, mal läuft es schief. Bei manchen der auftretenden Schwierigkeiten handelt es sich wirklich um große Probleme; andere sind kaum der Rede wert.

Es wird immer Höhen und Tiefen geben. Was ist also zu tun? Nehmen Sie die Probleme so bald als möglich in Angriff und lösen Sie sie. Finden Sie heraus, wie es dazu kommen konnte; verschaffen Sie sich einen Überblick über die aktuelle Situation; führen Sie entsprechende Veränderungen durch – und machen Sie weiter.

Das ist das Schöne an so einem gut durchdachten, ausgeklügelten Masterplan: Sie können Ihre Reiseroute so festsetzen, dass viele der *vorhersehbaren* Gefahren umschifft werden; ferner verleiht er Ihnen die Flexibilität, dann manövrierfähig zu sein, wenn plötzlich *unbekannte* Gefahren auftauchen.

Sie brauchen ein Direktorium, das Sie bei der Durchführung Ihres Masterplans unterstützt

Nachdem Sie Ihren Masterplan erarbeitet haben, sollten Sie sich Gedanken machen, wer Sie bei der Erstellung und Durchführung Ihres Masterplans gerne unterstützen würde, wer Ihnen gerne dabei helfen würde, Ihren Traum zu verwirklichen. Fassen Sie die in Frage kommenden Leute zu einem Team zusammen – zu Ihrem persönlichen Direktorium.

Wie finden Sie die entsprechenden Leute? Ganz einfach: Sprechen Sie von Ihren Träumen, Visionen und Plänen, und zwar mit der Familie, mit Verwandten und Freunden, mit Arbeitskollegen und sonstigen Leuten, die Sie aus dem Berufsleben kennen. Fragen Sie auch Ihren Anwalt, Ihre Bank und Ihren Steuerberater danach, was sie von Ihrem Vorhaben halten. Welche Gedanken kommen ihnen in den Sinn? Wo sehen sie Probleme? Wie würden sie die Sache angehen? Und so weiter.

Erfolgstipp

Der eine oder andere dieser Leute wird vielleicht Ihr Geschäftspartner, Ihr Angestellter, Ihr externer Berater oder sogar Ihr Investor.

Memo

Bemühen Sie sich immerzu, neue Leute kennen zu lernen. Fragen Sie jeden Gesprächspartner, ob er vielleicht jemanden kennt, den Sie auch gerne kennen lernen möchten.

Erfolgstipp

Nur wenn Sie mit den Leuten reden, werden Sie herausfinden, wer wirkliches Interesse daran hat, Sie bei Ihren Plänen zu unterstützen und dazu beizutragen, dass Ihr Traum Wirklichkeit wird.

Wenn Sie mit jemandem sprechen, sollten Sie Ihrem Gesprächspartner stets die Gelegenheit geben, Ihren Plan in jeder Hinsicht in Frage zu stellen. Das zwingt Sie dazu, die aufgeworfenen Fragen und Einwände zu beantworten. Es zwingt Sie dazu, die Angelegenheit noch tiefer zu durchdenken, weil Ihr Gesprächspartner völlig neue Gesichtspunkte, Probleme, Möglichkeiten etc. ins Spiel bringt, an die Sie überhaupt noch nicht gedacht haben.

Erfolgstipp

Tauchen zusätzliche Gesichtspunkte auf, fügen Sie diese Ihrem Masterplan hinzu.

Noch etwas: Die Leute, mit denen Sie im Gespräch stehen, zwingen Sie dazu, Ihren Plan zu verteidigen. Sie müssen auf deren Gedanken, Kommentare und Fragen antworten; Sie müssen nachdenken.

Lassen Sie es zu, dass man hart mit Ihnen umspringt; es hilft Ihnen nicht, wenn Sie mit Samthandschuhen angefasst werden. Sollte sich herausstellen, dass Sie nicht in der Lage sind, fundierte Antworten anzuführen, könnte dies ein Hinweis darauf sein, dass es für Sie an der Zeit ist, ans Reißbrett zurückzukehren und Ihren Plan neu zu überdenken.

Memo

- Verwenden Sie ausreichend Zeit darauf, Ihren Masterplan in aller Konsequenz zu durchdenken, und gehen Sie erst dann Verpflichtungen ein, die mit Zeit-, Energie- und Geldaufwand verbunden sind.

- Mit einem gut durchdachten Plan erhöht sich die Erfolgsaussicht ganz erheblich. Wenn Sie nicht in der Lage sind, Ihren Plan mit guten Argumenten zu verteidigen, sollten Sie Ihr Vorgehen nochmals überdenken. Fragen Sie sich: „Haben die anderen Recht, und ich täusche mich? Oder habe ich Recht, und sie täuschen sich?“ Meistens liegt die Antwort irgendwo in der Mitte.

Sprechen Sie mit möglichst vielen verschiedenen Leuten

Ihre Entschlossenheit wird umso stärker, mit je mehr Leuten Sie sprechen. Gespräche eröffnen Ihnen die Chance, mit einer Fülle von Gedanken, Kommentaren, Reaktionen und Ideen zu Ihrem Traum konfrontiert zu werden. Auf diese Weise können Sie die Spreu vom Weizen trennen: Helfer und Unterstützer von Neinsagern unterscheiden.

Erfolgstipp

Bewahren Sie Ihre Gesprächsnotizen in *ACT!* auf. Jede Person in Ihrer *ACT!*-Datenbank verfügt über ein eigenes Notizbuch, das sich hervorragend für Gesprächsnotizen eignet. Der Inhalt dieser Aufzeichnungen – über längere Zeit betrachtet – kann Ihnen von großem Nutzen sein, wenn Sie beurteilen wollen, wessen Äußerungen und Anregungen Ihnen weiterhalfen. – Der Gebrauch von *ACT!* wird in den Kapiteln „Schritt 3“ und „Schritt 5“ erläutert.

Hören Sie jedem zu, der Ihnen etwas zu sagen hat

Hören Sie jedem zu, der etwas zu Ihrem Traum und Ihrem Handlungs-Masterplan zu sagen hat. Kaum anzunehmen, dass Sie in allen Punkten den Gedanken, Kommentaren und Vorstellungen Ihres Gesprächspartners zustimmen werden; aber Sie können daraus neue Einsichten gewinnen. Wenn Sie diese in Ihre Überlegungen mit einbeziehen, erhöht sich Ihre Erfolgsaussicht ganz beträchtlich.

Memo

Sie sind nicht auf der Suche nach jemandem, der Ihnen zustimmt. Sondern Sie sind auf der Suche nach jemandem, der ehrlich zu Ihnen ist, der Ihnen helfen und Sie in Ihren Anstrengungen unterstützen will.

Wenn Sie mit Leuten sprechen, die Ihr Vorhaben nicht unterstützen, sollten Sie überlegen, warum. (Diese Überlegung ist auch dann wichtig, wenn Sie diese Leute womöglich nie wiedersehen.) Sehen sie vielleicht etwas, das Ihnen verschlossen geblieben ist? Sehen sie die Dinge aus einem anderen Blickwinkel, einer anderen Perspektive als Sie? Betrachten sie Ihren Traum durch eine andersfarbige Brille? Stellen Sie herausfordernde Fragen. Geben Sie dem anderen die Gelegenheit, Ihnen ins Gesicht zu sagen, was Sie seiner Meinung nach falsch machen und was Sie anders machen sollten.

Memo

Ohne die Hilfe und Unterstützung anderer werden Sie keinen Erfolg haben. Allein können Sie es nicht schaffen. Bedenken Sie in diesem Zusammenhang auch, dass man immer ein Stück Objektivität einbüßt, sobald man sich in irgendeiner Angelegenheit persönlich engagiert.

Werden Sie die Neinsager los

Schließlich gibt es noch eine weitere Gruppe von Leuten. Nämlich diejenigen, die all Ihren Bemühungen äußerst kritisch (im negativen Sinne) gegenüberstehen. Sie sind unfähig zu begreifen, was Sie anstreben. Aus ihrer Sicht ist es der Mühe nicht wert. Außerdem ist es ohnehin nicht zu schaffen. Sinnlos, es überhaupt zu versuchen.

Wenn Sie auf solche Leute stoßen, dann verschwenden Sie bloß nicht Ihre kostbare Zeit und Energie auf den Versuch, diese Typen davon zu überzeugen, dass Sie die Dinge tun *können*, die Sie tun wollen. Gehen Sie einfach weiter. Kümmern Sie sich nicht um sie. Suchen Sie sich jemand anderen, mit dem Sie Ihren Traum teilen können.

Wie kann gegenseitige Unterstützung aussehen?

Bevor Sie jemanden in Ihr Team aufnehmen, sollten Sie auch die folgenden zusätzlichen Punkte bedenken:

- Womit, in welcher Weise kann er sich einbringen?
- Auf welchem Gebiet besitzt er Fachkenntnisse oder eine spezifische Ausbildung?
- Wie kann ich mir seine Fähigkeiten, Begabungen und Erfahrungen für meine Ziele zu Nutze machen?
- Was muss ich im Gegenzug für seine geleisteten Beiträge, seine Kooperation anbieten?
- Was kann ich tun, um ihm bei der Verwirklichung seiner Träume zu helfen?

Was wollen Sie?

Ein ganzes Kapitel lang haben Sie nun vernommen, was erfolgreiche Leute anstellen, um erfolgreich zu werden. Alle durchwandern sie dabei den gleichen Prozess. Wenn Sie dieses Prinzip erst einmal begriffen haben, ist der Rest gar nicht mehr so schwer. Wichtig ist vor allem anderen:

1. Sie müssen einen Traum haben.
2. Ihr Wunsch muss so stark sein, dass er Sie zur Erstellung eines Masterplans motiviert.
3. Dieser Masterplan muss in die Tat umgesetzt werden.

Vor diesem Hintergrund frage ich Sie: Was wollen Sie mehr als alles andere auf der Welt?

Ich will ______________________________

Ich will ______________________________

Ich will ______________________________

- Wie sehr wollen Sie es *wirklich*?
- Sind Sie bereit, sich auf den Hosenboden zu setzen und einen Masterplan auszuarbeiten?
- Sind Sie entschlossen, Ihren Masterplan von A bis Z in die Tat umzusetzen, um Ihre Ziele zu erreichen?
- Sind Sie entschlossen, vor keiner Arbeit – und sei sie noch so hart – und keiner Anstrengung zurückzuschrecken, um Ihr Ziel zu erreichen und Ihren Traum zu verwirklichen?

Memo

- Wenn Sie mit dem Stand der Dinge glücklich und zufrieden sind, gibt es für Sie keine Veranlassung, irgendetwas zu tun.
- Bleiben Sie auf Ihre Ziele konzentriert. Ist Ihnen klar, wohin Sie wollen, werden Sie die richtige Richtung beibehalten.

Man muss dafür bezahlen?

Jeden Tag bekomme ich zu hören: „Man muss dafür bezahlen, wenn man erfolgreich ist!“ Ich denke, es ist gerade umgekehrt: Man muss dafür bezahlen, wenn man *nicht* erfolgreich ist; wenn man nicht die Leistung erbringt, zu der man befähigt ist; wenn man nicht hart arbeitet; wenn man sich selbst nicht das Äußerste abverlangt; wenn man die gottgegebenen Fähigkeiten und Begabungen verkümmern läßt; wenn man nichts aus sich macht. Mit einem Packen lahmer Entschuldigungen für die fehlenden Anstrengungen zieht man sich dann aus dem Schneider. O ja, man muss dafür bezahlen.

Wenn Sie etwas tun, etwas erreichen wollen, wenn Sie sich steigern wollen, dann kostet das Zeit, harte Arbeit und Anstrengung. Im Leben bekommen Sie nichts umsonst. Nichts in diesem Leben fällt Ihnen einfach in den Schoß. Alles hat seinen Preis.

Doch wenn Sie Ihre Ziele erreicht und Ihre Träume verwirklicht haben, sind Sie nicht derjenige, der bezahlt, sondern derjenige, der belohnt wird: Sie haben den Siegespreis gewonnen!

Schritt 3
Erfolgreiche Leute haben Resultate vorzuweisen

Einsatz allein ist keine Erfolgsgarantie. Man wird nicht einfach erfolgreich, nur weil man sehr viel harte Arbeit und Anstrengung investiert.

Erfolgreich wird man deshalb, weil man die wichtigen Dinge erledigt bekommt. Erfolgreich wird man deshalb, weil man hochwertige Arbeit liefert, und zwar innerhalb des gesetzten zeitlichen Rahmens. Erfolgreich wird man deshalb, weil man alles genau nimmt – und weil man Ergebnisse vorzuweisen hat.

Was Sie auch anpacken: Wenn Sie Erfolg haben wollen, müssen Sie Ihre Aufgaben erfüllen; Sie müssen sie gut erfüllen und pünktlich zum Abschluss bringen.

Memo

Wenn Sie *wirklich* vorwärts kommen wollen, sollten Sie sich nach Kräften bemühen, das zu erledigen, was erledigt werden muss. Erledigen Sie es korrekt und unverzüglich! Schieben Sie nichts, was gleich erledigt werden kann, auf morgen auf!

Schluss mit dem Chaos

Mein Spezialgebiet sind Kurse für viel beschäftigte Leute; ich bringe ihnen bei, wie man durch bessere Organisation Zeit spart und mehr Geld verdient. Ich mache ihnen bewusst, wo sie ihre Zeit verplempern, und zeige ihnen, wie sie Zeitverschwendung vermeiden und dadurch pro Tag mindestens eine Stunde an effektiv und effizient nutzbarer Zeit gewinnen können. Ich lehre sie, ihre Zeit, Anstrengung und Energie auf diejenigen Aufgaben und Projekte zu konzentrieren, auf die es ankommt – die sich am meisten auszahlen werden. Damit schlagen sie zwei Fliegen mit einer Klappe:

1. Es steht ihnen im Lauf des Tages mehr produktive Zeit zur Verfügung.
2. In dieser „geschenkten" Zeit können sie sich um ihre wichtigsten Arbeiten, Aufgaben und Projekte kümmern.

Wer durch meine Schule gegangen ist, kann in kürzerer Zeit und mit geringerem Kraftaufwand mehr Dinge erledigen und wird mehr Geld verdienen. Das ist der Anfang vom Erfolg.

Immer wieder kommt es vor, dass man mit seiner Arbeit nicht termingerecht fertig wird. Und meistens liegt es daran, dass man aus den Augen verliert, was man eigentlich tun soll. Man vergisst Aufgaben und Projekte. Man vergisst, ein Telefongespräch zu führen bzw. jemanden zurückzurufen. Man vergewissert sich nicht in regelmäßigen Abständen, was aus Briefen, Memos, Vorschlägen etc. geworden ist (das heißt, es fehlt an einem funktionierenden „Follow-up"-System). Man ist im Verzug mit dem, was man erledigen soll. Manchmal schafft man es überhaupt nie!

In einem solchen Fall hat man sein Geschäft nicht unter Kontrolle. Und umgekehrt hat einen nicht einmal das Geschäft unter Kontrolle. Alles ist *außer* Kontrolle. Anstatt an den Aufgaben, Projekten und Möglichkeiten zu arbeiten, die den größten Profit versprechen, verbringt man den Großteil der Zeit mit Kinkerlitzchen – oder man versucht, dort zu löschen, wo es dank eigener Versäumnisse gerade brennt. Am Ende des Tages ist man so erschöpft, dass man weder die geistige noch die körperliche Energie aufbringen kann, um noch über Langzeitplanung nachzudenken, geschweige denn ein wichtiges Projekt in Angriff zu nehmen. Zugegeben, man ist äußerst fleißig und geschäftig. Man arbeitet sehr hart. Aber wo bleiben die Resultate?

Womit also sollten Sie anfangen? Ganz klar: zuoberst auf Ihrem Schreibtisch!

Den Schreibtisch aufräumen

Wie sieht Ihr Schreibtisch aus? Sauber und ordentlich? Oder liegen ganze Stapel von Papieren und Zetteln über die Schreibfläche verstreut? Sind Ihre Eingangs- und Ausgangskörbe zu *Ablagen* geworden? Ist Ihr Arbeitsplatz mit Haftzetteln übersät, die Sie daran erinnern sollen, was Sie erledigen und wen Sie anrufen müssen?

Es scheint, zu einem normalen Büro gehört heutzutage ein chaotischer Schreibtisch. Doch gestatten Sie mir folgende einfache Frage: Warum lassen wir all dieses Zeug herumliegen?

Die Antwort ist ebenso einfach: Wir lassen diese Papiere, Aktenordner und Notizzettel (Was muss ich tun? Wen muss ich anrufen?) auf unserem Schreibtisch herumliegen, damit wir nichts vergessen. Wir reden uns ein: Wenn ich es vor Augen habe, werde ich mich daran erinnern, dass ich es tun muss. Aber leider ist es so, dass diese Erinnerungshilfen häufig verloren gehen, vergessen werden oder irgendwo in einem Stapel untergehen. Wir wenden uns erst dann einer Aufgabe zu, wenn das Telefon klingelt oder jemand an der Tür klopft und wir gefragt werden, wo denn der Brief, das Memo oder der Bericht bleibt, der schon seit Tagen oder Wochen überfällig ist. Mit einem Mal brennt es – wir lassen alle anderen Jobs links liegen und versuchen zu retten, was zu retten ist. Dass wir selbst die Brandstifter sind, wird uns im Eifer des Gefechts noch nicht einmal bewusst.

Wahrscheinlich haben Sie es noch nicht gemerkt, aber tatsächlich könnten mindestens 60 Prozent aller Papiere auf den allermeisten Schreibtischen – Ihrer eingeschlossen – weggeworfen werden. Und rund 80 Prozent der Unterlagen in den Schubladen könnten ebenfalls den Weg alles Irdischen gehen.

Zeitspartipp

Wenn Sie all das wegwerfen, was Sie nicht mehr brauchen, können Sie sich auf das Wesentliche konzentrieren.

Wie gehen Sie es an?

Es ist ganz einfach, System in das Büroleben zu bringen; und ebenso einfach ist es, dieses System dann aufrechtzuerhalten. Um den Wust in Ihrem Büro loszuwerden, sind drei Vorbereitungsschritte erforderlich:

1. **Zwacken Sie sich eine Stunde Zeit am Stück ab.** Machen Sie einen Termin mit sich selbst; notieren Sie diesen in Ihrem Kalender. Meistens gelingt es, den Schreibtisch innerhalb von 60 bis 90 Minuten aufzuräumen. Wenn bei Ihnen jedoch entsprechend viel herumliegt, kann es notwendig sein, einen zweiten oder sogar dritten Termin einzuplanen, um damit fertig zu werden.
2. **Lassen Sie keine Unterbrechungen zu.** Wenn der große Tag gekommen ist, schließen Sie die Tür – sofern Sie in der glücklichen Lage sind, eine zu besitzen. Andernfalls stellen Sie ein Schild „Bitte nicht stören" dorthin, wo Ihr Arbeitsbereich beginnt. Legen Sie auch den Hörer neben das Telefon, damit niemand Sie unterbrechen kann. Diese beiden Tipps sind Gold wert: Machen Sie regelmäßig davon Gebrauch, und Sie werden in der Hälfte der Zeit und mit halber Anstrengung das Doppelte erledigt haben.
3. **Stellen Sie einen Papierkorb bereit.** Mindestens 60 Prozent der Dinge, die auf Ihrem Schreibtisch herumliegen, können Sie getrost wegwerfen. Ihr Papierkorb wird im Nu bis oben voll sein.

In vier einfachen Schritten dem Chaos an den Kragen gehen

Wenn der große Tag gekommen ist, gehen Sie wie folgt vor:

1. **Nehmen Sie ein Stück Papier von Ihrem Schreibtisch auf.** Egal welches. Bestimmt haben Sie große Auswahl … Betrachten Sie das Papier und überlegen Sie:
   - Was ist es?
   - Warum liegt es hier?
   - Was tue ich damit?

   Wenn Sie keine vernünftigen Antworten wissen, dann werfen Sie es weg! (Natürlich können Sie es auch zum Altpapier geben oder jemand anderen damit beglücken.)

2. **Notieren Sie alles, was zu tun ist, auf Ihrer Masterliste.** Wenn Sie im Zuge des Aufräumens auf eine Arbeit stoßen, die erledigt werden muss, dann notieren Sie diese auf Ihrer Masterliste. (Wir werden später in diesem Kapitel noch in aller Ausführlichkeit auf diese Masterliste und den Umgang damit zu sprechen kommen.)

   Zweck des Ganzen ist, Ihren Arbeitsbereich systematisch zu organisieren. Es geht darum, dass Sie sämtliche Papiere, Ordner und sonstigen diversen Schätze durchsehen, die sich seit Tagen, Wochen, Monaten und/oder Jahren auf Ihrem Schreibtisch festgesetzt haben. Also um einen Prozess des Siebens und Sortierens. Sicher werden Sie auch auf Dinge stoßen, die Ihre Aufmerksamkeit erfordern – z.B. auf einen Brief, den Sie beantworten sollten; auf eine Präsentation, die Sie erarbeiten müssen; oder auf ein Telefongespräch, das es zu erwidern gilt. Lassen Sie sich davon jetzt nicht aufhalten. Notieren Sie all das auf Ihrer Masterliste und machen Sie weiter.
3. **AWW: ablegen, wegwerfen oder weiterreichen.** Nachdem Sie auf Ihrer Masterliste notiert haben, was zu tun ist, können Sie das entsprechende Papier in einem Aktendeckel ablegen, sofern Sie es aufbewahren müssen. Andernfalls geben Sie es an jemand anderen weiter, leiten es der zentralen Aktenverwaltung zu, werfen es weg oder entsorgen es mit dem Altpapier. (Wie Sie ein funktionierendes Aktensystem erstellen, wird an späterer Stelle in diesem Kapitel erörtert.)
4. **Nehmen Sie sich jedes Stück Papier einzeln vor.** Sehen Sie sich eines nach dem anderen an und arbeiten Sie kontinuierlich weiter, bis alle Stapel verschwunden sind.

Haben Sie diesen Arbeitsschritt abgeschlossen, geht es in analoger Weise den Eingangs- und Ausgangskörben an den Kragen. Ach, und vergessen Sie nicht all die Haftzettelchen, die überall an der Wand und am Bildschirm Ihres PC angepappt sind. (Das ist doch – machen wir uns nichts vor – der wahre Grund, warum wir einen PC besitzen, oder?) Wenn Ihnen dann die Puste immer noch nicht ausgegangen ist, können Sie auch noch die Stapel auf dem Sideboard und den Fenstersimsen in Angriff nehmen sowie sämtliche anderen Stapel, wo auch immer sie wachsen und sich mehren mögen.

In null Komma nichts werden Sie Ihren Schreibtisch, der jetzt noch wie eine hochgiftige Müllhalde aussieht, so blitzblank haben, dass Sie meinen, vor dem Flugdeck eines Flugzeugträgers zu stehen. Gleichzeitig wird Ihr Papierkorb bis zum Rand gefüllt sein, ja überlaufen und seinen Inhalt auf den Fußboden ergießen.

Am Ende dieser Säuberungsaktion werden Sie einen kleinen Stoß von Aktendeckeln besitzen mit den Papieren darin, die Sie aufbewahren müssen. Ihre Masterliste wird auf ein bis zwei Seiten angewachsen sein. (Und Sie wissen nun genau, was Sie tun müssen!) Alles, was oben auf Ihrem Schreibtisch zurückbleibt, wird ein Block Papier sein, das Telefon und Ihr Computer.

Na, das war doch ein Kinderspiel!

Schreibtisch-Schubladen mit System

Sind Sie erst einmal die Papier- und Aktenstapel losgeworden, die sich oben auf Ihrem Schreibtisch tummelten, ist es höchste Zeit, sich die Schubladen vorzunehmen.

Diese sind meiner Erfahrung nach so gestaltet, dass man annehmen sollte, die Leute führen ein Museum, einen Ramschladen oder ein altertümliches Warenhaus. Wollen Sie hören, was man da so alles findet? Also gut: Papiertaschentücher, Kleidungsstücke, Sportsachen, Taschentücher, Plastikgeschirr, Konserven – ich hätte nie geglaubt, wie viele Ketchup-Tütchen in so eine Schreibtisch-Schublade passen! Ich bin auf Kassenbücher gestoßen, die über Jahrzehnte zurückreichten, und auf Akten, die dem Vorgänger des jetzigen Schreibtisch-Besitzers gehörten; dabei lag der Arbeitsplatzwechsel schon ein, zwei Jahre zurück – oder noch länger.

Na gut, jeder hat das Recht auf eine Krimskrams-Lade in seinem Schreibtisch; aber müssen denn *sämtliche* Schubladen dafür herhalten?

Wie Sie die Aktenschublade Ihres Schreibtisches ausmisten

Die meisten Schreibtische besitzen eine Schublade, die für Aktendeckel und sonstige Papiere vorgesehen ist (z.B. mit einer Vorrichtung für eine Hängeregistratur). Doch meistens werden diese Schubladen zweckentfremdet. Denn die Schreibtisch-Besitzer

1. wissen allzu genau, dass sie keine Chance haben, etwas je wiederzufinden, sobald sie es in dieser Schublade versenkt haben;
2. befürchten, dass sie eine Arbeit zu erledigen vergessen, wenn sie das zugehörige Papier bzw. die Akte im Schreibtisch aufbewahren und damit aus dem Gesichtsfeld verlieren;

3. bekommen in besagter Schublade nichts mehr unter, weil sie bereits hoffnungslos vollgestopft ist.

Memo

Das, was auf dem Schreibtisch herumliegt, hat häufig dieselbe Funktion wie der berühmte Knoten im Taschentuch: daran zu erinnern, dass etwas erledigt werden muss.

Ich habe die Erfahrung gemacht, dass in den meisten Fällen rund 80 Prozent der Papiere in Schreibtisch-Schubladen reif für den Abfallkorb sind. Nur einige wenige sind von aktuellem Inhalt; ferner ist ein Großteil der Information auch an anderer Stelle im Büro oder im Computer verfügbar. Mal ehrlich: Wann haben Sie zuletzt einen Blick auf die Papiere in Ihrer Aktenschublade verschwendet? Wozu auch! Das, was wirklich wichtig ist an Papieren, Dokumenten und Aufzeichnungen, lag ja bis jetzt (wir erinnern uns!) aufgestapelt oben auf dem Schreibtisch. Glauben Sie mir: Das Innenleben so manchen Schreibtisches hat historische Dimensionen und geht manchmal zurück bis in die Saurierzeit!

Ein kleiner Hausputz, und Sie sind all die unnötigen (unnützen) Dinge in Ihrem Schreibtisch los. Und dann – stellen Sie sich vor! – haben Sie endlich Platz für die wesentlichen Unterlagen, nämlich die Papiere, Dokumente und Aufzeichnungen, die bislang stapelweise die Schreibfläche des Schreibtisches blockierten. Als Faustregel gilt: In einer halben Stunde ist alles erledigt. Gehen Sie folgendermaßen vor:

1. **Ziehen Sie die erste Schublade auf, nehmen Sie den ersten Aktendeckel heraus und legen Sie ihn oben auf den Schreibtisch.**
2. **Sichten Sie Stück um Stück jedes einzelne Papier in dem Aktendeckel**. Was Sie nicht mehr benötigen, werfen Sie weg; sollten Papiere darunter sein, die Sie aufbewahren müssen, legen Sie diese für den Augenblick auf einen eigenen Stoß.
3. **Sichten Sie den Stoß mit den aufzubewahrenden Papieren** und sortieren Sie diese zurück in den Aktendeckel; legen Sie bei Bedarf neue Akten an.

Zeitspartipps

- Heften Sie zusammengehörende Papiere mit Büro- oder Heftklammern zusammen. Achten Sie darauf, die Seite mit den wesentlichsten oder am häufigsten benötigten Inhalten an vorderster Stelle zu platzieren.

- Sehen Ihre Aktendeckel recht mitgenommen aus (Einrisse, Eselsohren, Fettflecken etc.), sollten Sie sie wegwerfen und durch neue ersetzen.

4. **Gehen Sie die nächste Akte in Ihrer Schublade durch**. Fahren Sie analog fort, bis Sie jede einzelne Akte inspiziert haben. Im Zuge dieser Aktion werden Sie garantiert auf Papiere stoßen, die ganz falsch abgelegt sind. Bringen Sie dies in Ordnung, legen Sie ggf. eine neue Akte an. Sollten Ihnen Dinge unterkommen, die noch erledigt werden müssen, notieren Sie diese auf Ihrer Masterliste. Lassen Sie sich aber keinesfalls aufhalten, sondern arbeiten Sie weiter.

Sie werden feststellen, dass am Ende nur eine Handvoll Akten in Ihrer Schublade verblieben sind – der Rest vom Schützenfest. Alles andere wurde entweder einer zentralen Aktenverwaltung übergeben, an Kollegen weitergeleitet … oder ganz weggeworfen. Und Sie sind nunmehr der glückliche Besitzer einer quasi leeren Schublade, die all die Papiere aufnehmen kann, die zuvor in unübersichtlichen Stapeln Ihren Schreibtisch belagerten.

Wie Sie Ihre Masterschublade einrichten

Die Masterschublade ist die Schreibtisch-Schublade, in der Sie Ihre Akten aufbewahren. Diese Masterschublade müssen Sie als Grundbesitz der Spitzenklasse betrachten: Hierher gehören nur die Papiere, die wirklich wichtig sind. Achtung: Papiere, Dokumente, Aufzeichnungen und sonstige Akten, mit denen Sie ständig arbeiten, müssen gut zugänglich sein. Ihr Platz ist daher möglichst weit vorne in der Masterschublade. Was Sie seltener benötigen, wird weiter hinten verstaut.

Papiere, Dokumente und Aufzeichnungen, die Sie nur gelegentlich bearbeiten oder einsetzen müssen, können auch an anderer Stelle gelagert werden. Beispielsweise in den Aktenschubladen des Sideboards oder in anderen Aktenschränken in Ihrem Büro oder Arbeitsbereich. Natürlich lassen sich manche Akten auch außerhalb des eigentlichen Büros abstellen oder in einer zentralen Aktenverwaltung. Schließlich gibt es manche Akten, die aufbewahrt werden müssen, ohne je wieder gebraucht zu werden – es sei denn, es treten irgendwelche Probleme größeren Ausmaßes auf. Verstauen Sie solche Akten in Umzugskartons möglichst im Keller (oder sonstwo außerhalb des Büros).

Es gibt verschiedene Möglichkeiten, wie Sie Ihre Akten in der Masterschublade systematisch ordnen können. Häufig geschieht dies alphabetisch. Wenn es sich um Akten zu Personen handelt – okay. Allerdings ist ein alphabetisches System meiner Erfahrung nach eher lästig, wenn man Unterlagen zu den verschiedensten Projekten, Aufgaben etc. aufbewahren muss. Solche Akten sortiere ich lieber im Hinblick darauf, wie oft ich damit arbeite (s.o.).

Zeitspartipp

Bevor Sie irgendwelche Dinge in einem Umzugskarton verstauen, um sie dann auf Dauer abzulegen, sollten Sie für jeden Karton eine Inhaltsliste erstellen. Eine Kopie dieser Liste kleben Sie außen an den Umzugskarton, eine weitere Kopie legen Sie dem Karton bei, und das Original bewahren Sie in einem Ordner in Ihrem Büro auf.

Wie Sie Ihr Akten-Mastersystem erstellen

Richten Sie in Ihrer Masterschublade ein Akten-Mastersystem ein. Beachten Sie dabei Folgendes:

- **Benutzen Sie neue Aktendeckel**. Besorgen Sie sich einen Schwung neuer Aktendeckel aus Manila-Karton. Verschwenden Sie Ihre kostbare Zeit nicht darauf, einen gebrauchten Aktendeckel wiederverwenden zu wollen. Wenn er eingerissen ist, Eselsohren hat und schmuddelig aussieht, ersetzen Sie ihn doch bitte schön durch einen neuen. Überlegen Sie: Ihre Zeit ist viel zu kostbar, um einen Aktendeckel aufzumöbeln, der im Neuzustand gerade ein paar Pfennig kostet.
- **Legen Sie Wert auf eine übersichtliche Beschriftung.** Je schneller Sie finden, wonach Sie suchen, desto mehr Zeit sparen Sie.

Zeitspartipp

Es ist Ihnen vielleicht nicht bewusst, aber die meisten Leute verlieren eine Stunde täglich mit der Suche nach irgendwelchen Papieren, die sie auf dem Schreibtisch verlegt oder vergraben haben.

- **Beschriften Sie die Aktendeckel von Hand.** Sie machen sich das Leben leichter, wenn Sie stets einen gewissen Vorrat an Aktendeckeln verfügbar haben. Im Bedarfsfall greifen Sie dann einfach in Ihre Schublade, beschriften den Aktendeckel von Hand – und fertig ist die neue Akte. Freilich machen gedruckte Selbstklebeetiketten mehr her. Bedenken Sie jedoch den Aufwand, bis solche Etiketten hergestellt sind (wenn es sich nicht um eine ganze Serie handelt); dafür sollte Ihnen Ihre Zeit zu schade sein.

Zeitspartipp

Manch einem hilft es, mit einem Farbcode zu arbeiten, da die Suche nach einer bestimmten Farbe oft schneller zum Ziel führt als die Suche nach einem bestimmten Titel. Verwenden Sie zu diesem Zweck keine unterschiedlich farbigen Aktendeckel und auch keine bunten Selbstklebeetiketten. Sondern nehmen Sie einfach farbige Marker und streichen Sie damit die Beschriftung an.

- **Fächermappen anstelle von Hängeregistern**. Häufig findet man in Aktenschubladen Hängeregister vor; man braucht sie eigentlich nur dazu, die Aktendeckel am Umfallen zu hindern. Leider nehmen aber die Hängeregister selbst rund 30 Prozent (oder noch mehr) des verfügbaren Raums in einer leeren Aktenschublade in Anspruch.

  Als Alternative empfehle ich dehnbare Fächermappen, die in verschiedenen Größen und Ausführungen erhältlich sind. Verstauen Sie einfach Ihre Aktendeckel in den Fächermappen und die Fächermappen in Ihrer Aktenschublade.

Etiketten mit dem Drucker beschriften

Wenn Sie jemals mit dem Laserdrucker Etiketten gedruckt haben, dann wissen Sie, dass es einfach ist, sie seitenweise zu produzieren. Was aber, wenn Sie nur ein einziges Etikett benötigen? Ich hoffe, Sie nehmen nicht etwa Zuflucht zur guten, alten Schreibmaschine – wenn doch, dann lassen Sie sich sagen: Ich habe da eine bessere Idee; probieren Sie es mit dem Etiketten-Drucker.

Die Firma Seiko hat einen ausgezeichneten Etiketten-Drucker im Angebot: Der Smart Label Printer SLP druckt in Top-Geschwindigkeit Etiketten in Laser-Qualität, und zwar Etiketten unterschiedlichster Größe. Neben dem Text selbst können auch Graphiken, Sonderzeichen und Strichcodes eingearbeitet werden. Trennen Sie sich also von Ihrer Schreibmaschine und benutzen Sie Ihren Computer für all Ihre Etikett-Aufdrucke. Sie werden viele Stunden Zeit sparen. Das Gerät ist im Fachhandel zu beziehen; nähere Informationen gibt es auch im Internet unter www.seikosmart.com.

Zeitspartipps

- Ordnen Sie die dehnbaren Fächermappen in Ihrer Aktenschublade so an, dass die Beschriftungen der Aktendeckel zu Ihnen weisen. Auf diese Weise können Sie eine bestimmte Akte viel schneller ausfindig machen.
- Wenn Sie an einem großen Projekt oder einer umfangreichen Aufgabe arbeiten, sortieren Sie sämtliche damit zusammenhängenden Papiere, Dokumente, Aufzeichnungen und sonstigen Informationen in sorgfältig beschriftete Aktendeckel ein. Verstauen Sie diese Aktendeckel dann in einer dehnbaren Fächermappe.

Der Umgang mit Referenz-Material

Während Sie die Papiere auf Ihrem Schreibtisch sichten, werden Ihnen zweifelsohne auch Kataloge, Newsletter, Zeitschriften, Zeitungsartikel etc. in die Hände fallen, die Sie lesen und/oder aufbewahren wollen. Zwei Vorschläge habe ich für Sie:

1. Legen Sie eine Akte „Lesen“ an.
2. Legen Sie eine Akte „Bezugsquellen“ an.

Wie Sie eine Akte „Lesen“ anlegen

In unserer heutigen schnelllebigen Zeit verschafft es Ihnen einen unschätzbaren Wettbewerbsvorteil, wenn Sie in der Lage sind, Informationen schnell zu nutzen. Sie sollten deshalb jede Information, die – als Brief, Memo, Newsletter, Zeitschrift, Katalog etc. – auf Ihren Schreibtisch gelangt, in aller Schnelle quer lesen, um herauszufinden, ob etwas darin enthalten ist, das Ihnen jetzt im Augenblick von Nutzen sein könnte. Handelt es sich um ein *wirklich* wichtiges Schreiben, lesen Sie es auf der Stelle; andernfalls kann es vorerst in der Akte „Lesen“ untergebracht werden. Wann immer Sie im Lauf des Tages Leerlauf haben, nehmen Sie diese Akte zur Hand und lesen – das Wichtigste zuerst.

Zeitspartipps

- Nehmen Sie die Akte „Lesen“ mit auf Geschäftsreisen. Im Flugzeug oder im Hotel haben Sie immer wieder Zeit zu lesen. Werfen Sie alles weg, was Sie nach der Lektüre nicht mehr brauchen; nur den Rest heben Sie auf.
- Wenn es etwas sehr Wichtiges oder Termingebundenes zu lesen gibt, halten Sie dies als Job auf Ihrer Masterliste fest, damit Sie es nicht vergessen.

Benützen Sie zum Lesen einen Stift

Wann immer Sie einen Brief lesen, ein Memo, einen Bericht, eine Präsentation, ein Rundschreiben, eine Zeitung, eine Zeitschrift etc., sollten Sie einen Kugelschreiber (mit feiner Mine) oder einen Marker zur Hand haben. Unterstreichen oder markieren Sie jeden Passus, der Ihnen beim Lesen wichtig oder relevant erscheint, oder kreisen Sie ihn ein. Wo es Sinn macht, notieren Sie am Rand Bemerkungen. (Wenn Sie das Original nicht verunzieren wollen, nehmen Sie einfach Zuflucht zu Haftzetteln.) Sie können auf diese Weise bei einer späteren Lektüre auf den ersten Blick erfassen, worum es bei dem betreffenden Schreiben geht und was Ihnen daran ursprünglich wichtig war.

Wenn Sie zu Ende gelesen haben, legen Sie das Schreiben in der passenden Akte ab; ggf. legen Sie auch eine neue Akte zu dem betreffenden Thema an.

Handelt es sich um einen Zeitungs- oder Zeitschriftenartikel, genügt es völlig, allein den Artikel aufzubewahren und den Rest der Zeitung bzw. Zeitschrift wegzuwerfen. Muss diese als Ganzes erhalten bleiben, weil sie z.B. an einen Kollegen weitergereicht werden soll, fertigen Sie sich einfach eine Kopie des Artikels an.

Wie Sie eine Akte „Bezugsquellen" anlegen

Angenommen, in Ihrem Büro sieht es nicht anders aus als in allen anderen Büros auch – dann haben Sie vermutlich einen oder mehrere Stapel von Zeitungen, Zeitschriften, Katalogen, Berichten und sonstigen interessanten Dingen herumliegen. Sie könnten Ihnen ja irgendwann in der Zukunft noch mal von Nutzen sein … nicht wahr? Doch glauben Sie mir: Von solchen unübersichtlichen Stapeln haben Sie nicht viel. Selbst wenn der Schein zu Ihrem Lotto-Sechser in einem dieser Haufen begraben wäre, könnten Sie vermutlich nicht sagen, wo er sich befindet. Deshalb mein Appell: Organisieren Sie die (möglicherweise wertvolle!) Information so, dass Sie im Bedarfsfall unschwer Zugriff darauf nehmen können. Aber wie?

1. Gehen Sie den Materialstapel auf die Schnelle durch und legen Sie für jedes Thema, das für Sie von Bedeutung ist, eine Akte an.
2. Legen Sie die entsprechenden Papiere in dem Aktendeckel ab.
3. Verstauen Sie die Aktendeckel in einer dehnbaren Fächermappe; die Fächermappen wiederum in einer Aktenschublade oder einem Aktenschrank.

Wenn Sie nun Information benötigen, werden Sie wissen, wo Sie diese finden; gleichzeitig sind Sie einen ganzen Stapel von Staubfängern und Platzfressern in Ihrem Büro losgeworden.

Beispiel

Jedes Mal, wenn ich bei einem Kunden bin und mit ihm zusammen den Schreibtisch neu organisiere, taucht irgendetwas ungeheuer Wichtiges aus der Versenkung auf – und mein Honorar hat sich allein dadurch mehr als bezahlt gemacht.

Zeitspartipp

Eine gute Adresse für Informationshungrige ist natürlich das Internet: Betrachten Sie es als Ihre Bibliothek – eine hervorragende Alternative zu den voluminösen Papierbergen in Aktendeckeln (deren Verwaltung eine arbeitsintensive Aufgabe darstellen kann). Wann immer Sie eine spezifische Information benötigen, bedienen Sie sich einfach der Suchfunktion und geben einige Schlüsselwörter ein. Augenblicklich tut sich vor Ihnen eine unglaubliche Informationsfülle auf. Was Ihnen von Nutzen scheint, können Sie direkt in Ihren Computer laden; oder Sie können in bestimmte Internet-Seiten, die Sie häufiger einsehen wollen, ein „Buchzeichen“ einlegen.

Umgang mit der Masterliste

Sie meistern Ihren Tag mit Hilfe Ihrer Masterliste [engl. to master = meistern – Anm. d. Übersetzers], die dazu dient, Ihnen eine Komplettaufstellung all dessen zu liefern, was getan werden muss. Nicht nur eine Liste mit Jobs für heute oder morgen, sondern eine allumfassende Liste mit *sämtlichen* notwendigen Erledigungen bis weit in die Zukunft hinein.

Je detaillierter Ihre Masterliste ist, desto mehr haben Sie alles im Griff. Die Masterliste ersetzt Ihnen alle Papierstapel auf dem Schreibtisch. Gehen Sie einfach diese Liste von oben bis unten durch, und Sie wissen in Sekundenschnelle, was Sie alles tun müssen, für wen Sie es tun müssen und bis wann Sie damit fertig sein müssen.

Sie werden nichts mehr vergessen, nichts mehr übersehen; Sie werden das Wichtige zuerst erledigen – Arbeiten „auf den letzten Drücker“ gehören der Vergangenheit an. Und Sie haben hoffnungsloses Chaos gegen einen sauberen, aufgeräumten Arbeitsplatz eingetauscht. Dank Ihrer Masterliste haben Sie die absolute Kontrolle über Ihre Arbeitssituation. Im Folgenden einige Tipps dazu:

- **Verwenden Sie ein großes Blatt Papier.** Sie sollten die Masterliste auf ein Blatt Papier im DIN-A4-Format schreiben; nicht etwa auf die Rückseite eines Briefumschlags oder auf einen Haftzettel.
- **Führen Sie Ihre Masterliste ordentlich.** Sie ist für Sie von großer Wichtigkeit; deshalb sollte sie sauber und ordentlich aussehen. Missbrauchen Sie sie nicht als Schmierblock; kritzeln Sie nicht darauf herum, malen Sie keine Männchen.
- **Die Masterliste gehört auf Ihren Schreibtisch.** Lassen Sie sie zuoberst auf dem Schreibtisch liegen. Auf diese Weise können Sie problemlos neue Punkte ergänzen und erledigte Aufgaben ausstreichen.
- **Beschreiben Sie jede Zeile.** Normalerweise hat ein DIN-A4-Blatt 30 Zeilen, die dazu gedacht sind, beschrieben zu werden – also tun Sie's! Lassen Sie keine Zeile aus, wenn Sie einen neuen Punkt hinzufügen.
- **Schreiben Sie mit einem Kugelschreiber mit feiner Mine.** Keinesfalls sollten Sie einen Bleistift verwenden – die Schrift verschmiert in kürzester Zeit und macht Ihre Liste unleserlich.
- **Machen Sie sich keine Gedanken über Prioritäten.** Es gibt Leute, die jeden Morgen eine neue Liste schreiben, damit die wichtigsten Punkte zuoberst stehen. Ich halte dies für Zeitverschwendung. Denn eigentlich ist die Liste so gedacht, dass Sie von oben nach unten alle Jobs durchgehen, dabei die wichtigsten Aufgaben identifizieren – und erledigen. Sprich, Sie erledigen bereits die *wesentliche* Arbeit und liefern Resultate, während der andere noch mit dem Abschreiben seiner Liste beschäftigt ist.
- **Werfen Sie im Lauf des Tages immer wieder einen Blick auf Ihre Masterliste.** Lassen Sie Ihre Masterliste oben auf dem Schreibtisch liegen und werfen Sie immer wieder einen Blick darauf, vom Morgen bis zum Abend. Ihr Ziel ist, die wichtigsten Arbeiten erledigt zu bekommen. Das sind diejenigen Aufgaben und Projekte, die mit viel Geld verbunden sind und den meisten Profit bringen.
- **Streichen Sie aus, was Sie erledigt haben.** Ich rate dazu, den ganzen Punkt auf der Liste fein säuberlich durchzustreichen; wenn Sie nur ein Häkchen am Rand anbringen, verschafft Ihnen dies längst nicht dasselbe befriedigende Gefühl.
- **Nehmen Sie die nächste Aufgabe in Angriff.** Ist die eine Aufgabe erledigt, betrachten Sie unverzüglich Ihre Masterliste und fragen sich: „Was ist jetzt dran? Was ist am wichtigsten?“ Fackeln Sie nicht lange – fangen Sie an!

Memo

Ihr Ziel ist *nicht*, all die lästigen Pflichten auf Ihrer Liste abzuarbeiten, damit Sie sich dann endlich den eigentlichen harten Nüssen widmen können. Nein! Ihr Ziel ist, die wichtigsten Angelegenheiten – genau die, die Sie Zeit, Nachdenken, Erwägung und Energie kosten – dann in Angriff zu nehmen, wenn Sie viel Zeit am Stück zur Verfügung haben. Wenn Sie so vorgehen, werden Sie nicht nur qualitativ hochwertige Arbeit leisten, sondern auch rechtzeitig damit fertig werden. Es wird Sie weniger Stress, Anspannung und Kraftanstrengung kosten und gleichzeitig werden Sie bessere Resultate erzielen.

- **Wenn es etwas Neues zu tun gibt, notieren Sie dies auf Ihrer Masterliste**. Im Lauf des Tages werden neue Aufgaben an Sie herangetragen werden; jedes Telefonklingeln, jeder Posteingang, jede E-Mail stellt einen potentiellen „Arbeit-Geber“ dar. Es wäre ein Fehler, dann alles stehen und liegen zu lassen, woran Sie gerade arbeiten, nur damit Sie sich gleich der neuen Aufgabe zuwenden können. Notieren Sie diese einfach auf Ihrer Masterliste und fahren Sie fort mit dem, womit Sie gerade beschäftigt sind.

Zeitspartipp

Zu den schwerwiegendsten Hindernissen auf dem Weg zum Erfolg zählen im Geschäftsleben die Unterbrechungen. Wenn Sie zulassen, dass bei jedem Telefonklingeln, bei jedem Posteingang und jedes Mal, wenn jemand zur Tür hereinkommt, Ihr Arbeitsfluss abreißt, werden Sie niemals etwas zu Ende bringen. Es ist völlig legitim, hin und wieder für begrenzte Zeit das Telefon abzustellen und die Tür zu schließen (oder ein Schild „Bitte nicht stören“ anzubringen), um auf diese Weise eine Aufgabe ungestört abschließen zu können.

- **Beginnen Sie mit Ihrer Masterliste eine zweite Seite**, wenn alle Zeilen der ersten Seite voll geschrieben sind.
- **Überarbeiten Sie Ihre Masterliste**: Wenn etwa die Hälfte der Punkte auf Seite 1 durchgestrichen sind, sollten Sie der Übersichtlichkeit halber eine neue Liste schreiben; andernfalls ertrinken Sie irgendwann in einer ganzen Flut von Listen.

Gehen Sie die erste Seite Ihrer Masterliste Punkt für Punkt durch. Notieren Sie alles, was noch aktuell ist, auf einem frischen Blatt Papier und streichen Sie es auf der alten Liste aus. Prüfen Sie zuletzt noch einmal nach, ob tatsächlich alle Punkte entweder erledigt oder auf die neue Liste übertragen wurden. Dann können Sie die alte

Liste wegwerfen oder in einer entsprechenden Akte „alte Listen“ ablegen.

Zeitspartipp

Datieren Sie sämtliche Papiere und auch jeden einzelnen Punkt auf Ihrer Masterliste. Warum? Damit Sie feststellen können, wie lange etwas bereits bei Ihnen liegt; wo etwas in Relation zu anderen Ereignissen chronologisch einzuordnen ist. Aus dem Datum können Sie aber auch ersehen, wie lange ein Posten bereits auf Ihrer Masterliste steht.

- **Planen Sie den nächsten Tag.** Bevor Sie abends das Büro verlassen, werfen Sie einen letzten Blick auf Ihre Masterliste und fragen sich: „Was ist nun am wichtigsten, woran sollte ich morgen arbeiten?“ Sie vereinbaren einen Termin (mit sich selbst), notieren diesen im Terminkalender und nehmen sich am nächsten Tag gleich als Erstes diese wichtige Aufgabe vor. (Das ist übrigens ein weiterer großartiger Zeitspartipp.)

Keine Angst vor langen Masterlisten!

Häufig kann man beobachten, dass jemandem der Angstschweiß ausbricht, wenn er sich einer langen Liste mit zu erledigenden Dingen gegenübersieht. Der subjektive Eindruck besagt: Das musst du alles erledigen, jeden einzelnen Job dieser Endlos-Liste, bis der Tag zu Ende geht. Gelingt dies nicht, stellt sich Frustration ein. Aber ich sehe das ganz anders. Für mich ist es vielmehr so, dass ich *alles, was ich tun muss,* auf meiner Masterliste notiere, damit ich nichts vergesse. An jedem beliebigen Tag habe ich schätzungsweise 100 bis 150 Arbeiten zu erledigen bzw. Leute anzurufen.
Nun glauben Sie ja nicht, ich könnte all diese Punkte innerhalb eines Tages abhaken, denn das kann ich *nicht.* Und das ist auch gar nicht meine Absicht. Sondern ich möchte die Sicherheit haben, dass ich an jedem Tag *das Wesentliche* erledigt bekomme. Es gibt Tage, an denen ich lediglich einen einzigen Punkt von meiner Masterliste streichen kann. Aber nachdem dies die wichtigste Aufgabe war, die es zu erfüllen galt, kann ich den Tag als ausgesprochen produktiv verbuchen.
Deshalb möchte ich Ihnen vorschlagen: Gewöhnen Sie sich an, *alles, was Sie erledigen müssen*, auf Ihrer Masterliste zu notieren. Sie werden auf diese Weise mehr Arbeit in kürzerer Zeit und mit weniger Kraftanstrengung erledigen; die Qualität Ihrer Arbeit wird sich steigern, und Sie werden feststellen, dass Sie sehr viel mehr Kontrolle über Ihr Leben haben.

Füttern Sie Ihren Computer mit der Masterliste

Im Jahr 1984 gründete ich meine Beratungsfirma für Zeitmanagement und begann den Leuten beizubringen, wie sie ihr Büro sinnvoll organisieren und der Unordnung auf ihrem Schreibtisch Herr werden können; und wie sie mit der Masterliste umgehen sollen. Knapp zehn Jahre später entdeckte ich im Zuge der Recherchen für mein drittes Buch (*Winning the Fight Between You and Your Desk*) den Computer. In diesem Buch nämlich stellte ich mehr als 150 produktionssteigernde Elemente aus dem Hard- und Softwarebereich vor … und merkte, dass so ein PC nicht nur für Tabellenkalkulationen und als Schreibmaschinen-Ersatz gut ist.

Unter den Programmen, mit denen ich mich bei dieser Gelegenheit beschäftigte, war eines, das mein Leben radikal veränderte: ein Kontaktmanagement-Programm namens *ACT!*. Als ich feststellte, dass ich die Masterliste in meinen Computer eingeben konnte, bedeutete dies ein Aha-Erlebnis höchster Güte – und von dem Augenblick an war ich *ACT!*-süchtig.

Nun ist ja an dem Konzept der Masterliste als solchem nichts zu rütteln. Das Prinzip, sich über alle anstehenden Arbeiten dadurch auf dem

Laufenden zu halten, dass man sie auf einer Liste notiert, ist gut fundiert. Dennoch hat die Masterliste einen Schwachpunkt: Sie wird manuell mit Bleistift und Papier geführt.

Mit Hilfe von *ACT!* jedoch konnte ich mir elektronisch einen Überblick über all meine Aktivitäten verschaffen – über Anrufe, Besprechungen, anstehende Arbeiten – und dabei das Potential meines Computers ausnützen. Stift und Papier gehörten der Vergangenheit an. Ein schlichtes, anwenderfreundliches und überall erhältliches PC-Programm gestattete mir, all die Hilfsmittel wegzuwerfen, auf die ich mich während der letzten zehn Jahre verlassen hatte: die Rotationskartei, das zerfledderte Adressbuch und den ledergebundenen Terminkalender.

Heute bin ich in der Lage, mit Hilfe von *ACT!* die Arbeit von fünf bis sechs Personen zu bewältigen – und zwar bequem von zu Hause aus.

An dieser Stelle möchte ich erwähnen, dass ich nicht für die Firma Symantec arbeite, die *ACT!* produziert. Ich bin noch nicht einmal Aktionär. Aber ich bin ein regelmäßiger Anwender von *ACT!* und habe die Erfahrung gemacht, dass sich die Produktivität mit Hilfe von *ACT!* erheblich steigern lässt. Nun ja, um ganz ehrlich zu sein: Ich bin nicht nur ein regelmäßiger Anwender von *ACT!*, sondern habe inzwischen bereits drei *ACT!*-Bücher geschrieben. Das neueste erschien unter dem Titel „ACT! 4 for Windows for Dummies". Außerdem gebe ich einen *ACT!*-Newsletter („ACT! in ACTion") heraus. (Sie können gern ein kostenloses Probeexemplar beziehen. Füllen Sie dazu das Formular auf meiner Internet-Seite www.ACTnews.com aus.)

ACT! ist nicht das einzige Kontaktmanagement-Programm auf dem Markt

Es gibt eine ganze Reihe guter Kontaktmanager auf dem Markt: Goldmine, Maximizer und Shareware, um nur einige wenige zu nennen. Was mich persönlich angeht, so schwöre ich auf *ACT!*. Sollten Sie ein anderes Programm in Gebrauch haben, empfehle ich Ihnen, dennoch weiterzulesen, denn auch für Sie beinhalten die Passagen über *ACT!* einige nützliche Informationen. Gehören Sie jedoch zu denen, die noch immer versuchen, ihre Arbeit ohne ein Kontaktmanagement-Programm zu bewältigen, dann rate ich Ihnen dringend: Machen Sie sich auf die Socken und besorgen Sie sich heute noch eines!

ACT! ist ein Produkt der Firma Symantec und für etwa 180,– DM im Fachhandel erhältlich. Nähere Informationen im Internet unter www.-symantec.com/act.

In diesem Kapitel werde ich Ihnen die Funktionsweise von *ACT!* im Zusammenhang mit Ihrer Masterliste erklären. An späterer Stelle („Schritt 5“) werde ich erläutern, wie Sie mit Hilfe von *ACT!* Beziehungen zu den richtigen Leuten aufbauen können.

Wohin mit persönlichen Daten?

Kennen Sie das? Sie treffen jemanden, kommen ins Gespräch und notieren sich schnell ein paar Punkte als Gedächtnisstütze auf der Rückseite seiner Visitenkarte. Wo legen Sie die Visitenkarte bei der Rückkehr ins Büro ab? In der Rotationskartei? In der Akte der betreffenden Person? Oder vielleicht im Fundus Ihrer Schreibtisch-Schublade?

Nachdem die Visitenkarte abgelegt ist – wie können Sie sich später daran erinnern, dass Sie mit der betreffenden Person noch etwas zu erledigen haben? Machen wir uns nichts vor: wahrscheinlich überhaupt nicht.

Namen und Adressen, die auf Papierfetzen gekritzelt werden, sind meines Erachtens wertlos. Eingegeben in den Computer jedoch – und zwar in ein Kontaktmanagement-Programm vom Kaliber *ACT!* – stellen sie ein äußerst effektives Networking-Instrument dar. In dem Spiel, das heutzutage gespielt wird, geht es darum,

- wen man kennt,
- wie gut man denjenigen kennt und
- wie schnell man ihn ans Telefon bekommt.

Jede Begegnung stellt eine Gelegenheit dar, jemanden besser kennen zu lernen. Versäumen Sie diese Gelegenheit nicht!

ACT! – und das ist das Schöne daran – bietet Ihnen Platz zur systematischen Ablage von Namen, Adressen, Telefonnummern und sonstiger Information zu jeder beliebigen Person. Sie sehen das *ACT!-Kontakte*-Anwendungsfenster in Abbildung 3.1 dargestellt. Im Folgenden möchte ich Ihnen eine Reihe von Möglichkeiten nennen, wie Sie mit Hilfe von *ACT!* aus einer Information den größtmöglichen Nutzen ziehen können.

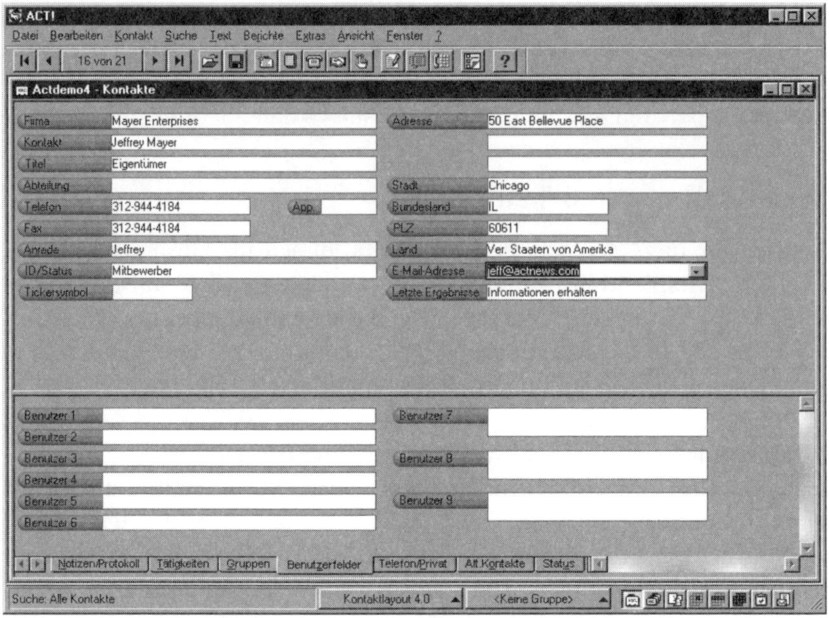

Abb. 3.1: Das *Kontakte*-Anwendungsfenster

- **Namen und Adressen speichern:** *ACT!* schenkt Ihnen den Platz für sämtliche Geschäfts-und Privatadressen von beliebig vielen Personen. Wenn Sie einen Brief schreiben müssen, genügt ein Klick auf das entsprechende Icon, und schon werden Name und Adresse der betreffenden Person in den Briefkopf eingefügt. Dann kann das Schreiben entweder ausgedruckt, weggefaxt oder als E-Mail versandt werden.

  Nachdem der Brief weggeschickt ist, lässt er sich dem Kontakt-Verzeichnis der betreffenden Person hinzufügen; durch einen Klick das zugehörige Icon öffnet *ACT!* den Brief zur Einsichtnahme wieder.
- **Telefon- und Faxnummern speichern:** *ACT!* schenkt Ihnen den Platz für sämtliche Nummern von Telefon und Fax, Pager, Autotelefon und Mobiltelefon von beliebig vielen Personen. Der Klick auf das zugehörige Icon stellt Ihnen sogar die Verbindung her. Mit der entsprechenden Software (z.B. WinFax PRO) können Sie Faxe direkt von *ACT!* aus versenden.

- **E-Mail-Adressen speichern:** *ACT!* schenkt Ihnen den Platz für sämtliche E-Mail-Adressen von beliebig vielen Personen. Auch können E-Mails unmittelbar innerhalb von *ACT!* versandt und empfangen werden; der Inhalt einer Mail lässt sich dann dem Verzeichnis der betreffenden Person hinzufügen und ist dort leicht zugänglich.
- **Internet-Adressen speichern:** Ferner können Sie in *ACT!* die Internet-Adressen von Firmen speichern. Ein Klick auf die jeweilige Adresse, und *ACT!* startet das Internet-Programm, um Sie direkt auf die angewählte Seite zu befördern.
- **Notizen zu Gesprächen und Besprechungen aufbewahren:** Es ist immer sinnvoll, sich eine kurze Zusammenfassung der erörterten Gesprächs- oder Besprechungspunkte zu notieren. Mit *ACT!* wird dies leicht gemacht, da jeder Person ein eigenes Notizbuch zugeordnet ist.
- **Berichte drucken:** Jegliche Information, die in Ihrer *ACT!*-Datenbank abgelegt ist, kann in Form eines Berichts ausgedruckt werden. Wenn also beispielsweise Ihr Chef gerne wissen möchte, wen Sie in der vergangenen Woche gesprochen haben oder wie Sie die kommende Woche geplant haben, dann können Sie ihm in null Komma nichts die gewünschten Informationen in Berichtform vorlegen.
- **Personen auffinden:** Sobald Sie Daten zu einer Person in *ACT!* eingegeben haben, lassen sich diese mit Hilfe der leistungsfähigen Suchfunktion von *ACT!* einfach wiederfinden. Ob Sie nach Vornamen, Familiennamen, Firmennamen, Stadt, Land, Postleitzahl oder einem beliebigen anderen Kriterium suchen, das Ihnen gerade in den Sinn kommt – in Sekundenschnelle werden Sie fündig geworden sein. Sie können sogar über das Internet nach jemandes Adresse suchen und dann die Angaben in die *ACT!*-Datenbank übertragen. Versuchen Sie das einmal, wenn Sie nicht am Computer, sondern auf dem Papier arbeiten!

Optimierte personenbezogene Planung

Mein Konzept der Masterliste hat sich über Jahre hinweg bewährt und Millionen von Leuten zu einer besseren Organisation verholfen. Wer damit arbeitet, wird schnell den Vorteil dieses Systems zu schätzen wissen; er wird aber ebenso schnell feststellen, dass es einige Schwachpunkte besitzt: Da die Liste auf Papier geführt wird, können die einzelnen Aufgaben lediglich eine nach der anderen aneinander gereiht werden. Das heißt,

- es ist nicht möglich, eine Aufgabe einer bestimmten Person und deren Daten zuzuordnen;
- es ist nicht möglich, die Aufgaben nach der Priorität zu ordnen;
- es ist nicht möglich, zwischen anstehenden Telefongesprächen und anderen zu erledigenden Aufgaben zu trennen;
- es ist nicht möglich, die Aufgaben nach dem Datum zu sortieren.

Die Masterliste ist nichts weiter als ein Blatt Papier mit einer Fülle von Arbeitspunkten darauf.

Das ändert sich in dem Augenblick, da Sie Ihre *ACT!*-Datenbank zu nutzen beginnen: Das Potential Ihres Computers kommt ins Spiel, Ihre Masterliste wird automatisiert. Sie werden staunen, was nun alles möglich wird, denn jeder Punkt auf Ihrer Masterliste – Anrufe, Besprechungen oder sonstige zu erledigende Aufgaben – ist nunmehr mit der dazugehörigen Person verknüpft.

Um eine neue Aufgabe einzuplanen, klicken Sie lediglich auf das entsprechende Icon; es erscheint das Dialogfeld „Tätigkeit planen“, das Sie in Abbildung 3.2 sehen können. Von diesem Dialogfeld aus können Sie:

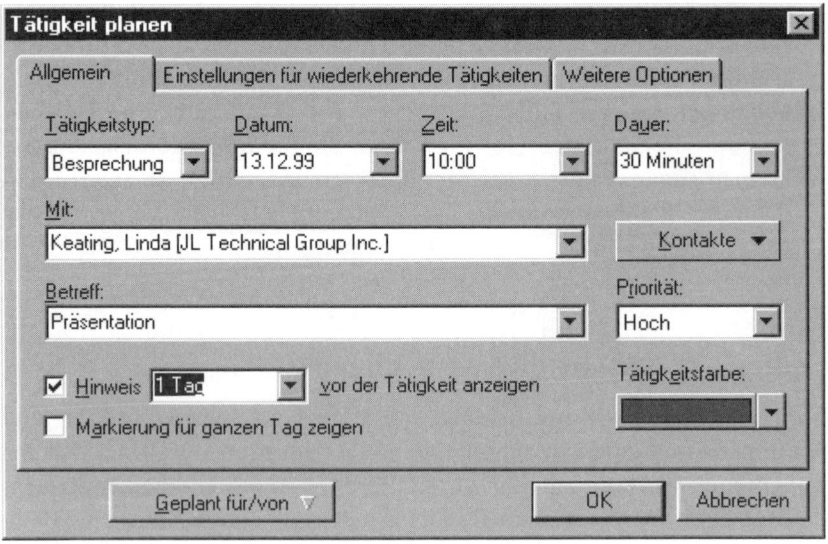

Abb. 3.2: Dialogfeld „Tätigkeit planen“

- auswählen, um welchen Tätigkeitstyp es sich handelt – ein Anruf? eine Besprechung? eine Erledigung?
- festlegen, an welchem Tag und zu welcher Uhrzeit die Aufgabe erledigt werden soll und um welche Inhalte es geht
- eingeben, wie viel Zeit die Aufgabe in Anspruch nehmen soll
- der Aufgabe eine Priorität zuordnen
- einen Alarm aktivieren, der Sie zu einem unterschiedlich wählbaren Zeitpunkt an die Angelegenheit erinnert
- wiederkehrende Arbeiten einplanen
- Arbeiten mit anderen Anwendern koordinieren

Ihre Aufgaben lassen sich auf viele unterschiedliche Weisen darstellen

Wenn Sie Ihre Aufgaben in den Computer eingegeben haben, können Sie diese auf viele unterschiedliche Weisen darstellen lassen.

Darstellung Ihrer Aufgaben in Abhängigkeit von der Person

Ist es nicht fantastisch? Mit einem Klick können Sie sämtliche Aufgaben einsehen, die mit einer bestimmten Person zu tun haben. Wenn ich zum Beispiel wissen möchte, was alles im Zusammenhang mit Linda Keating auf dem Programm steht, suche ich sie in meiner Datenbank in *ACT!* (siehe Anwendungsfenster, Abb. 3.1), klicke auf „Kontakte", und schon erscheint (wie in Abb. 3.3) die komplette Liste mit allen Aufgaben, die ich Linda betreffend notiert habe.

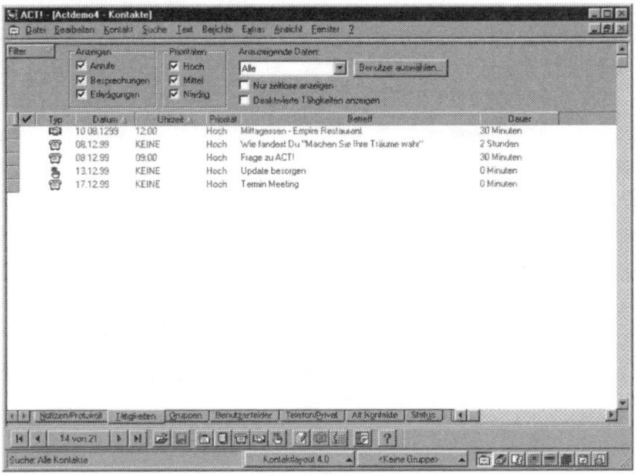

Abb. 3.3: Liste „Tätigkeiten"

Damit ist Ihnen ein unschätzbares Hilfsmittel an die Hand gegeben. Stellen Sie sich vor, Sie haben gerade einen wichtigen Kunden, Klienten oder Interessenten in der Leitung – oder vielleicht sogar Ihren Vorgesetzten oder Chef: Sie können dann nicht nur den einen Punkt besprechen, der den Anruf veranlasst hat, sondern alles, was sonst noch im Raum steht. Ihre Produktivität wächst dadurch ungemein, und gleichzeitig sparen Sie Zeit, denn Sie haben zu jedem Zeitpunkt eine vollständige Liste dessen parat, was zwischen Ihnen und jeder beliebigen Person, die in Ihrem Leben eine Rolle spielt, geklärt oder erledigt werden muss. Endlose vergebliche Versuche, jemanden telefonisch zu erreichen, gehören damit der Vergangenheit an.

Erfolgstipp

Stecken Sie jeden, den Sie kennen, in Ihre *ACT!*-Datenbank. Dann können Sie Ihrer großen, prall gefüllten Rotationskartei und Ihrem Adressbuch nach zehnjähriger Zusammenarbeit getrost Lebewohl sagen.

Eines Tages erklärte ich meinem Kunden Mike, dass er einfach durch einen Mausklick eine Liste abrufen kann, die ihm sämtliche Anrufe, Besprechungen und sonstige anstehende Aufgaben vor Augen führt, die er im Zusammenhang mit irgendeiner Person seiner *ACT!*-Datenbank erledigen muss. Dass er sich ferner diese Liste unterschiedlich darstellen lassen kann: als Aufgabenliste, als personenbezogene Liste oder als Kalender. Wie ich so von den Charakteristika von *ACT!* schwärme, geht erst ein Staunen, dann ein breites Grinsen über Mikes Gesicht. Das ist es!

Mike erzählt mir daraufhin, wie frustriert er ist, weil ihn die Telefongespräche mit seinen Mitarbeitern so viel wertvolle Zeit kosten. Erst ruft er an und hinterlässt eine Nachricht. Dann rufen sie zurück und hinterlassen eine Nachricht. Schließlich erreicht man sich irgendwann und spricht über den einen Punkt, den Mike auf dem Herzen hat – nur um am nächsten Morgen die nächste Runde von Anrufen und Rückrufen zu starten, weil einer der Mitarbeiter ein neues Problem aus seiner Akte für heiße Angelegenheiten ausgegraben hat.

Seit *ACT!* hat diese nervenaufreibende Geschichte ein Ende. Alles, was an Arbeiten ansteht, gibt Mike in den Computer ein. Und *ACT!* stellt ihm aus diesen Angaben eine Liste darüber zusammen, was er im Zusammenhang mit wem noch zu erledigen hat (sowohl geschäftliche als auch persönliche Angelegenheiten). Mike muss nur noch ein Icon anklicken, das ist alles. Sie können mir glauben, jetzt arbeitet er produktiv!

Darstellung Ihrer Aufgaben in Form einer Liste

Über ein anderes Icon erhalten Sie eine Übersicht über sämtliche Anrufe, Besprechungen und Erledigungen, und zwar in Form einer Liste. Die Aufgabenliste, die in Abbildung 3.4 gezeigt wird, ist im Wesentlichen identisch mit meiner Masterliste. Es gibt jedoch einen entscheidenden Unterschied: Die eine Liste besteht auf dem Papier, die andere wird elektronisch durch den Computer geführt.

Die Aufgabenliste stellt eine Aneinanderreihung anstehender Erledigungen dar. Dadurch, dass diese Liste elektronisch auf dem Laufenden gehalten wird, erfahren Sie eine phänomenale Steigerung Ihrer Produktivität. Beispielsweise wird Folgendes möglich:

- **Eine Auswahl nach dem Datum treffen:** Sie können beispielsweise festlegen, für welchen Zeitraum die Aufgaben dargestellt werden sollen: für den heutigen Tag, für morgen oder für einen beliebigen Tag oder Zeitraum in der Zukunft – oder der Vergangenheit.
- **Eine Auswahl nach der Priorität treffen:** Sie können sich z.B. nur die Aufgaben von hoher Priorität zeigen lassen.
- **Eine Auswahl nach der Art der Aufgabe treffen**: Sie können sich per Mausklick die anstehenden Anrufe gesondert anzeigen lassen; analog die anstehenden Besprechungen oder Erledigungen – sowie jede denkbare Kombination der verschiedenen Typen.
- **Die Reihenfolge innerhalb der Liste neu arrangieren**: Sie können jede Spalte in der Aufgabenliste auf- oder absteigend sortieren lassen, indem Sie einfach die Spalten-Überschrift anklicken. Auf diese Weise ist es möglich, die Reihenfolge innerhalb der Liste nach verschiedenen Aspekten festzulegen – nach Art der Aufgabe, Datum, Person oder Betreff.

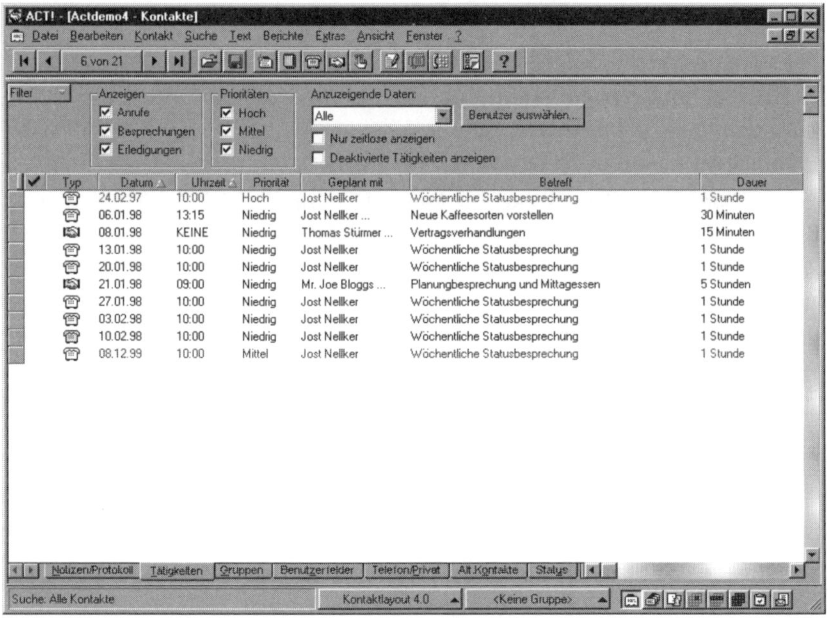

Abb. 3.4: Die Aufgabenliste von *ACT!*

Darstellung Ihrer Aufgaben in Kalenderform

Wenn Sie ein visueller Typ sind und Ihnen eine kalendermäßige Anordnung am schnellsten zu einem Überblick über die anstehenden Anrufe, Besprechungen und Erledigungen verhilft, dann klicken Sie einfach eines der Kalender-Sinnbilder an, und schon erscheinen all Ihre Aufgaben in einer Kalenderdarstellung, die sich über einen Tag, eine Woche oder einen Monat erstrecken kann. In Abbildung 3.5 ist der Tageskalender dargestellt.

Innerhalb dieser Darstellungsweise stehen Ihnen übrigens die gleichen Filteroptionen zur Verfügung wie bei der Aufgabenliste (siehe S. 89).

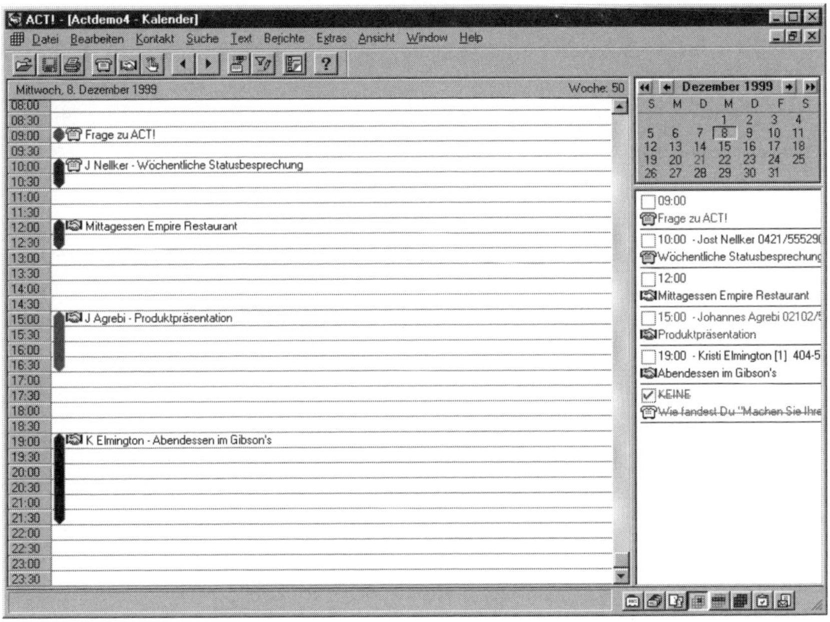

Abb. 3.5: Tageskalender

Änderungen möglich!

Wenn Sie eine Aufgabe in Ihren Computer eingegeben haben, können Sie auf einfachste Weise das eine oder andere Detail abändern. Das ist wichtig, wenn man bei Kunden, Klienten, Interessenten oder einer gegebenen Chance am Ball bleiben möchte (was übrigens bei den wenigsten Geschäftsleuten gut funktioniert). Gestatten Sie mir einige Fragen:

- Was passiert, wenn Sie jemandem eine E-Mail schicken mit einem bestimmten Vorschlag und der Ankündigung, Sie werden in einigen Tagen diesbezüglich telefonisch Kontakt aufnehmen? Wie gelingt es Ihnen, sich an das fällige Telefonat zu erinnern? Rufen Sie wirklich an dem Tag an, den Sie in der Mail genannt haben? Rufen Sie binnen zwei Wochen nach dem Versand der Mail an? Haben Sie einen solchen Anruf schon einmal vergessen?
- Was geschieht, wenn jemand sagt, er werde Ihnen etwas zusenden? Angenommen, die Sendung trifft in den nächsten Tagen nicht ein – wie schaffen Sie es, sich daran zu erinnern, dass Sie nachhaken müssen?

- Und wenn Sie jemand bittet, in ein, zwei, drei Monaten oder einem halben Jahr nochmals anzufragen – wie gelingt es Ihnen, sich daran zu erinnern?
- Wie halten Sie sich über eine Arbeit auf dem Laufenden, die Sie an einen Kollegen delegiert haben?

Wäre es nicht schön, wenn *ACT!* all diese Telefonate für Sie erledigen würde? Aber immerhin haben Sie mit *ACT!* ein perfektes „Follow-up"-System zur Verfügung. Das heißt, *ACT!* wird dafür sorgen, dass Sie nicht vergessen nachzufragen, nachzuhaken, nachzubohren. Mit *ACT!* bleiben Sie am Ball!

Wenn Sie einen Brief unterzeichnen, klicken Sie auf das Icon für Anrufe. Es erscheint auf Ihrem Bildschirm das Dialogfeld „Tätigkeit planen" (siehe Abb. 3.2). Geben Sie ein, wann (Datum, Uhrzeit) Sie den Anruf tätigen müssen und worum es geht. Wenn Sie wollen, können Sie außerdem einen Alarm aktivieren und/oder eine Priorität zuordnen. Bestätigen Sie die Eingabe durch einen Klick auf OK. Dann erscheint am betreffenden Tag dieser Anruf in Ihrer Aufgabenliste. Geht es noch einfacher?

Zeitspartipp

Wenn Sie Erfolg haben wollen, sind Sie angewiesen auf ein gut funktionierendes „Follow-up"-System. Nur so bleiben Sie am Ball.

Memo

Sich in Erinnerung zu rufen macht 90 Prozent des Erfolgs aus.

Was Sie an einem Tag nicht erledigt haben, wird automatisch auf den nächsten Tag übertragen

Erinnern wir uns: Bei der Masterliste auf Papier wollten wir dann, wenn rund 50 bis 60 Prozent der Aufgaben auf der ersten Seite erledigt wären, die verbleibenden Punkte auf ein neues Blatt übertragen. Wir hätten es sonst irgendwann mit einem ganzen Stapel von Listen zu tun und würden das eine oder andere doch übersehen.

Wer stattdessen einen Terminplaner benutzt, muss Unerledigtes vom Vortag auf die neue Seite übertragen – oder er vergisst es unweigerlich.

(Apropos: Was wird am Ende des Jahres aus all der wundervollen Information, die wir in unserem Terminplaner festgehalten haben? Sie ist futsch: Der Planer erhält neue, unbeschriebene Blätter, und die alten Seiten werden in einem Karton oder einer Schublade aufbewahrt – und nie wieder angesehen.)

Ganz anders mit *ACT!*. Sie schalten den Computer an, starten *ACT!*, und jede unerledigte Aufgabe (nicht nur des Vortages) wird automatisch auf das aktuelle Datum übertragen. Auf diese Weise (sog. „auto rollover"-Funktion) ist sichergestellt, dass kein einziger Arbeitspunkt, der noch nicht abgehakt ist, übersehen und vergessen wird.

Wenn Sie diese Funktion nicht nutzen wollen, können Sie sich natürlich auch in der Aufgabenliste alle eingetragenen und noch nicht erledigten Aufgaben anzeigen lassen (indem Sie einen entsprechenden Zeitraum von Adam und Eva bis heute eingeben).

Aufgaben umplanen? Kein Problem!

Erfolgreiche Leute sind beharrlich. Erfolgreiche Leute unterscheiden sich von allen anderen darin, dass sie kein Nein als Antwort gelten lassen.

In der Geschäftswelt wimmelt man jemanden am schnellsten ab, indem man sagt: „Fragen Sie doch bitte morgen wieder an." Oder nächste Woche oder in einigen Monaten ... In den meisten Fällen hat sich die Sache damit erledigt. Zu dem Rückruf kommt es nicht, weil der andere die Akte oder die Anschrift verlegt oder die ganze Angelegenheit einfach vergisst.

Mit *ACT!* jedoch sind Sie außen vor. Wenn Ihnen gesagt wird, Sie möchten in einer Woche, einem Monat oder selbst einem Jahr zurückrufen, ändern Sie lediglich das Datum der betreffenden Aufgabe. Sie klicken auf ein Sinnbild – ein Kalender erscheint – Sie korrigieren das Datum und klicken auf OK – fertig. Eine Woche, einen Monat bzw. ein Jahr später erscheint genau diese Aufgabe oben auf Ihrer Liste.

Zeitspartipp

Sollte sich die Situation ergeben, dass jemand Sie um einen Rückruf in 20 Minuten bittet, dann stellen Sie einfach den Wecker. Exakt 20 Minuten später wird *ACT!* Sie an die Fälligkeit dieses Anrufs erinnern.

ACT! ist transportabel

Geschäftsleute verbringen typischerweise über die Hälfte der Zeit außerhalb des Büros. Geht es Ihnen auch so? Nun, unterwegs zu sein heißt noch lange nicht, dass Sie vom Geschehen abgeschnitten sind. Denn es gibt verschiedene Möglichkeiten, auch außer Haus von den in *Act!* gespeicherten Informationen zu profitieren:

- **Klemmen Sie sich Ihr Notebook unter den Arm.** Es ist heutzutage gang und gäbe, auf Reisen ein Notebook mitzuführen. (Viele Leute haben inzwischen sogar den traditionellen Desktop-PC gegen ein Notebook eingetauscht.) Man steckt das Notebook in die Aktentasche, und auf geht es zur Besprechung oder Geschäftsreise. Bei der Rückkehr ins Büro schiebt man das Notebook in die Docking-Station, und schon ist man wieder auf dem Laufenden.

  Auf diese Weise ist Ihre *ACT!*-Datenbank transportabel; gehen Sie auf Reisen, geht mit dem Notebook auch die komplette Datenbank auf Reisen.

  Da *ACT!* in der Lage ist zu synchronisieren, können Sie Ihre Datenbank mit der *ACT!*-Datenbank des firmeneigenen Netzwerks abgleichen. Das heißt, alle Veränderungen, die Sie in Ihrer *ACT!*-Datenbank vorgenommen haben, werden auch in der *ACT!*-Datenbank im Netzwerk vorgenommen und umgekehrt.
- **Benützen Sie ein Palmtop**. Viele Leute ziehen das Palmtop dem Notebook vor, weil es bei starker Leistung weniger als ein Pfund wiegt und nur so groß ist wie ein Taschenbuch. Inzwischen sind Programme auf dem Markt erhältlich, die den Transfer von *ACT!* Information aus Ihrem Notebook und/oder Desktop in die gängigsten Typen von Palmtops ermöglichen. *ACT!*-Links gibt es z.B. für PalmPilot (3Com), REX (Franklin), Mobilon (Sharp) und andere Palmtops, die mit dem Betriebssystem Windows CE arbeiten.
- **Drucken Sie die Information aus.** Es gibt Leute, die nicht ohne ihren ledergebundenen Terminplaner leben können. Wenn Sie auch dazugehören, dann nutzen Sie doch einfach die Möglichkeit, beliebige Informationen aus Ihrer *ACT!*-Datenbank auf Papier auszudrucken. Wählen Sie das Papierformat so, dass es sich in Ihren Terminplaner einfügen lässt.

Schritt 4
Erfolgreiche Leute gehen verantwortlich mit ihrer Zeit um

Erfolgreiche Leute messen ihrer Zeit einen hohen Wert bei. Zeitverschwendung kommt für sie nicht in Frage. Ihnen ist bewusst, dass sie kein wertvolleres Kapital besitzen als – Zeit. Deshalb tun sie alles, was in ihren Möglichkeiten steht, um maximale Ergebnisse zu erzielen.

Wenn Sie im Leben vorankommen wollen, können Sie es sich nicht erlauben, Zeit zu verschwenden. Sie müssen aus jedem Tag alles herausholen. Sie müssen Ihre Arbeit, Ihre Aufgaben, Ihre Projekte pünktlich zum Abschluss bringen – pünktlich, gut und korrekt. In diesem Kapitel werde ich Ihnen Dutzende von Tipps an die Hand geben, wie Sie Zeit sparen können; ich werde Ihnen Ideen, Techniken und Strategien vorstellen, die Ihnen dabei helfen, mehr aus jedem einzelnen Tag zu machen.

Es ist das einzige Spiel, das wir jetzt spielen

Ein Football-Team der Major League pflegte eine Zeit lang folgendes Ritual:
Vor jedem Spiel, unmittelbar nach Ertönen der Nationalhymne, schrie einer aus voller Kehle:
„Hey, Jungs, das ist ein echt wichtiges Spiel!"
„Wieso?", fragte ein anderer.
„Weil es das einzige Spiel ist, das wir jetzt spielen", rief ein Dritter.
Dieses Ritual wurde über einige Monate beibehalten. In dieser Zeit gewann das Team mehr Spiele als jede andere Mannschaft der National League.

Erhöhen Sie den Wert Ihrer Zeit

Wir alle kennen den Slogan: „Zeit ist Geld". Aber was heißt das *wirklich*? Es bedeutet: Das, was Sie können (Ihre Fähigkeiten und Begabungen, Ihr Wissen und Ihre Erfahrung), besitzt einen Wert; und es gibt jemanden, der gewillt ist, Sie dafür zu bezahlen. Wenn Sie also Ihre gottgegebenen Fähigkeiten und Begabungen, Ihr Wissen und Ihre Erfahrung nicht voll zum Einsatz bringen, werfen Sie buchstäblich Geld zum Fenster hinaus.

Wenn ich darf, würde ich Sie gerne etwas fragen: Wie wertvoll ist Ihnen Ihre Zeit?

Memo

Ihre Fähigkeiten und Begabungen, Ihr Wissen und Ihre Erfahrung sind das wertvollste – und das einzige – Kapital, das Sie besitzen.

Erfolgstipp

Schöpfen Sie Ihre gottgegebenen Begabungen voll aus, und der Erfolg Ihrer Mühen wird Ihre kühnsten Träume übersteigen.

Es hängt viel davon ab, welchen Wert Sie Ihrer Zeit, Ihren Fähigkeiten und Begabungen beimessen. Je höher Sie dieses Kapital wertschätzen, desto mehr werden Sie erreichen – denn Sie werden sorgfältiger damit umgehen. Sie werden Ihre Ziele früher erreichen und Ihre Träume schneller verwirklichen. Und wenn das erste Ziel erreicht ist, werden Sie Ihr Augenmerk auf ein noch größeres Ziel richten.

Jeder Augenblick ist kostbar

Der Wert eines Jahres?
Fragen Sie einen Schüler oder Studenten, der durch die Abschlussprüfung gefallen ist.

Der Wert eines Monats?
Fragen Sie eine Mutter, die eine Frühgeburt hatte.

Der Wert einer Woche?
Fragen Sie den Herausgeber eines Wochenmagazins.

Der Wert eines Tages?
Fragen Sie einen Tagelöhner, der zehn Kinder ernähren muss.

Der Wert einer Stunde?
Fragen Sie zwei Verliebte, die auf ein Rendezvous warten.

Der Wert einer Minute?
Fragen Sie jemanden, der ein Flugzeug verpasst hat.

Der Wert einer Sekunde?
Fragen Sie jemanden, der einen Unfall überlebt hat.

Der Wert einer tausendstel Sekunde?
Fragen Sie den, der die Silbermedaille gewonnen hat.

Die Zeit wartet auf niemanden. Schätzen Sie jeden einzelnen Augenblick, der Ihnen zur Verfügung steht. Sie werden ihn noch höher schätzen, wenn Sie ihn mit einem besonderen Menschen teilen.

Wie wär's mit einer Gehaltserhöhung?

Messen Sie Ihrer Zeit einen höheren Wert bei, und Sie werden sie anders verbringen. Lernen Sie, wie Sie Ihre Zeit effektiver nützen können, und Sie werden wesentlich mehr erreichen und viel mehr Geld verdienen.

Um im Leben mehr zu erreichen, müssen Sie Ihre Leistungen höher schrauben. Ja, natürlich, der Tag hat nun einmal nur 24 Stunden, und mir ist klar, dass Sie ohnehin rund acht bis zehn Stunden davon mit Arbeit zubringen. (Und wenn Sie die Anfahrtszeiten dazurechnen, haben Sie wahrscheinlich einen 10-, 12- oder sogar 14-Stunden-Tag.)

Deshalb verlange ich auch gar nicht von Ihnen, noch mehr Arbeitsstunden hineinzuquetschen. Doch lassen Sie mich eine Frage stellen: Wie verbringen Sie diese acht bis zehn Arbeitsstunden? Nun, ich werde Ihnen zeigen, wie Sie besser mit Ihrer Arbeitszeit umgehen können, so dass Sie pro Tag wesentlich mehr zu Wege bringen und Ihnen im Endeffekt mehr Zeit bleibt für die Familie, für Ihre Freunde und für sich selbst.

Spaßeshalber nehmen wir einmal an, jemand würde Ihnen 600 DM die Stunde bezahlen – für Ihre Fähigkeiten und Begabungen, für Ihr Wissen und Ihre Erfahrung. Multiplizieren Sie diesen Stundensatz mit acht, und Sie landen bei 4.800 DM täglich. Bei fünf Tagen die Woche wären das 24.000 DM wöchentlich, d.h. 1,2 Mio. DM jährlich (ausgehend von 50 Arbeitswochen pro Jahr). Sie sehen, jetzt geht es ums *große Geld*.

Dabei bin ich sicher, dass Sie zehn oder sogar zwölf Stunden pro Tag arbeiten und wahrscheinlich auch den Samstag und Teile des Sonntags für die Arbeit heranziehen; die oben genannten Zahlen sind also eher zu niedrig als zu hoch. Aber das Ziel lautet ja nicht: mehr Arbeitsstunden! Sondern: mehr aus den Stunden herausholen, die Sie mit Arbeit zubringen.

600 DM die Stunde lässt sich bequem umrechnen auf zehn Mark die Minute. Deshalb möchte ich Sie nun bitten, einen Zehnmarkschein aus Ihrer Geldbörse zu nehmen, ihn auf den Schreibtisch zu legen und eine Minute lang zu betrachten. Bei zehn Mark die Minute können Sie sehen, was Zeit bedeutet. Bei zehn Mark die Minute können Ihre Kollegen und Mitarbeiter sehen, was Zeit bedeutet. Bei zehn Mark die Minute vergeuden Sie keine Zeit.

Sie werden Ihre wertvolle Zeit nicht verschwenden, indem Sie minutenlang abwarten, bis jemand ein Telefongespräch beendet hat. Sie werden stattdessen eine Nachricht hinterlassen oder es später noch einmal versuchen.

Sie werden auch nicht bis zu einer halben Stunde Ihrer wertvollen Zeit däumchendrehend im Empfangsbereich herumsitzen und warten und warten ..., weil derjenige, mit dem Sie verabredet sind, augenblicklich noch in einer anderen Besprechung festgehalten wird. Sondern Sie werden sich angewöhnen, sämtliche Besprechungs- und Sitzungstermine kurzfristig bestätigen zu lassen – und zwar bevor Sie Ihr Büro verlassen. Auf diese Weise können Sie Ihre Terminplanung ggf. korrigieren.

Apropos Besprechungen und Sitzungen: Sie werden auf einem pünktlichen Beginn und einem pünktlichen Ende bestehen; Sie werden darauf bestehen, dass alle Punkte der Tagesordnung erledigt werden. Zeitverschwendung können Sie sich einfach nicht leisten, wenn jeder der Anwesenden zehn Mark die Minute kostet; es wäre ein teurer Spaß.

Ich garantiere Ihnen: Ist Ihnen erst einmal klar geworden, dass Ihre Zeit solches Geld wert ist, werden Sie anders damit umgehen. Sie werden nur das tun, was wirklich wichtig ist, und all jenes eliminieren, was Ihnen die Zeit stiehlt. Sie werden Ihre Zeit und Energie auf das lenken, was es zu leisten gilt, damit Sie Ihre Ziele erreichen.

Erfolgstipp

Beschlüsse, die bei einer Besprechung gefasst werden, können Ihrer Firma Summen in Millionenhöhe einbringen. Sie können Gehaltserhöhungen, Gratifikationen und Aufstiegsmöglichkeiten betreffen. Der Nutzeneffekt einer erfolgreich geführten Besprechung bzw. Sitzung kann die „Personalkosten" von zehn Mark pro Minute pro Teilnehmer bei weitem übertreffen.

Memo

- Wie Sie Ihre Zeit verbringen, hat ausschließlich damit zu tun, wie Sie Ihre Zeit und Ihre Prioritäten betrachten.
- Gewähren Sie sich selbst – im Geiste – eine Gehaltserhöhung. Das hebt Ihren Leistungspegel an und lässt Sie auf der Straße zum Erfolg viel schneller vorankommen. Auch werden Sie mehr Geld verdienen, als Sie je zu träumen gewagt haben.

An dieser Stelle möchte ich Sie bitten: Nehmen Sie sich einen Augenblick Zeit, um zu überlegen, wie Sie einen normalen acht- bis zehnstündigen Arbeitstag verbringen. Womit verschwenden Sie am meisten Zeit? Tragen Sie fünf Punkte zusammen. Überlegen Sie auch, wie viel Zeit jeden Tag wofür verloren geht.

Was könnten Sie tun, um diese Aushöhlung Ihrer Zeit, Energie und Begeisterung zu unterbinden oder zumindest zu mildern?

Wofür ich am meisten Zeit verschwende	**Wie viel Zeit dafür verloren geht**
1. ______________________	______________________
2. ______________________	______________________
3. ______________________	______________________
4. ______________________	______________________
5. ______________________	______________________

Gönnen Sie sich jeden Tag eine zusätzliche Stunde

„Wenn es etwas gibt, das du *wirklich* machen willst, dann stehe jeden Morgen eine Stunde früher auf und arbeite daran, *bevor* du zur Arbeit gehst.“

Dieser Satz begleitet mich seit meinem Eintritt ins Berufsleben Anfang der 70er Jahre. Er stammt von Pauline Novak, einer Frau, mit der ich damals sehr eng zusammenarbeitete.

Im Lauf der Jahre habe ich mir diesen Satz als Konzept zu Eigen gemacht. Wann immer ich etwas zu Ende bringen will, das mir sehr wichtig ist (z.B. dieses Buch hier), stehe ich nicht erst um 6.00 Uhr, sondern bereits um 5.00 Uhr auf und arbeite mindestens eine Stunde, bevor ich mein Frühstück einnehme.

Wenn Sie also eine Arbeit zu erledigen haben, die Ihnen sehr wichtig ist, sollten Sie in aller Frühe aufstehen und sich eine zusätzliche Stunde Zeit (ohne Unterbrechungen!) gönnen – und das jeden Tag. Sie können frisch und hellwach, voller Energie und bei bester Konzentration ans Werk gehen; vor allem aber: Sie sind in höchstem Maße motiviert. Sie werden staunen, wie viel Sie zu Wege bringen können, wenn Sie (endlich einmal) Ihre Energie auf die Erledigung einer einzelnen Aufgabe konzentrieren (dürfen).

Zeitspartipp

Bei Pendlern verschlingt der Weg zur Arbeit und wieder zurück häufig mehrere Stunden pro Tag. Wenn das auch bei Ihnen der Fall ist, sollten Sie nach einer Möglichkeit suchen, Ihre Arbeitsplanung so abzuändern, dass Sie Stoßzeiten im Straßenverkehr umgehen können. Dadurch könnten Sie die Zeit, die Sie jetzt regelmäßig im Stau zubringen, als produktive und effektive Arbeitszeit nutzen. Gehen wir noch einen Schritt weiter: Vielleicht gelingt es Ihnen durch geschickte Planung sogar, einen oder zwei Tage die Woche von zu Hause aus zu arbeiten, so dass Sie an diesen Tagen nicht einmal eine Minute für die Anfahrt zur Arbeit aufwenden müssten.

Arbeiten Sie vor dem Feierabend noch einen weiteren Punkt ab

Sehen Sie am Ende des Tages auf Ihre Masterliste und erledigen Sie noch eine Aufgabe, bevor Sie Feierabend machen. Ein Telefongespräch zum Beispiel oder einen Brief. Gehen Sie erst nach Hause, wenn Sie diese Aufgabe von Ihrer Liste streichen können.

Beispiel

Vor dem Feierabend schnell noch ein Telefongespräch oder eine andere Aufgabe zu erledigen hat mir in verschiedener Weise geholfen, vorwärts zu kommen. Seit ich diesem Prinzip folge, habe ich gewiss Hunderte von Leuten erreicht, die ebenfalls um halb sechs oder sechs noch an ihrem Schreibtisch saßen. Und ich habe Tausende von Dingen erledigt, mit deren Hilfe ich der Konkurrenz zumindest eine Nasenlänge voraus bleiben konnte.

Stellen Sie sich die Auswirkung vor: Am Ende der Woche können Sie fünf Punkte mehr aus Ihrer Masterliste streichen; Sie haben also am Ende des Monats rund 20 Punkte mehr bewältigt – das macht rund 200 Punkte mehr in jedem Jahr.

Memo

Versuchen Sie, im Lauf des Tages mehr Dinge erledigt zu bekommen; dann bleibt Ihnen mehr Zeit, den Kurs festzulegen, auf dem Sie Ihr Ziel erreichen werden.

Zeitspartipp

Was du heute kannst besorgen, das verschiebe nicht auf morgen!

Prioritäten setzen

Was erfolgreiche Leute ferner auszeichnet: Sie erkennen und setzen Prioritäten. Was heißt das? Ganz einfach: Jeder Mensch hat nur ein begrenztes Maß an Zeit und Geld zur Verfügung; auch die Energie ist irgendwann erschöpft. Wenn Sie Ihre kostbaren Ressourcen auf Nebensächlichkeiten vergeuden, werden Sie nie am Ziel Ihrer Wünsche ankommen. Trotz aller harten Arbeit, trotz aller Anstrengung stehen Sie zuletzt mit leeren Händen da.

Deshalb muss alles, was Sie tun, *immer* im Hinblick auf Ihre Träume, Ziele und Wünsche geschehen. Sie dürfen sich nicht auf ein Nebengleis begeben.

Erfolgstipp

An Ihrem Badezimmerspiegel sollte eine Liste kleben mit Ihren Zielen, Träumen und Wünschen. Lesen Sie diese Liste laut, wenn Sie morgens aufstehen und bevor Sie abends schlafen gehen. Eine Kopie davon hängen Sie im Büro auf, damit Sie ständig daran erinnert werden, was Sie erreichen wollen. Jedes Mal, wenn Sie eine Aufgabe in Angriff nehmen, fragen Sie sich: „Komme ich damit meinem Ziel näher?" Wenn nicht – Finger weg. Handelt es sich um etwas, das *unbedingt* erledigt werden muss, dann bringen Sie es so schnell und effizient als möglich hinter sich, um sich dann wieder dem zuzuwenden, was Sie Ihrem Ziel näher bringt.

Verwenden Sie Ihre Zeit auf das, was am wichtigsten ist; auf die Angelegenheiten von höchster Priorität. Alles andere kann warten, kann an jemanden delegiert werden oder kann unter den Tisch fallen.

Welche Aufgabe ist die wichtigste?

Wenn es mehrere wichtige Arbeiten für Sie zu erledigen gibt – wie bekommen Sie heraus, welche davon die wichtigste ist? Ganz einfach: Angenommen, es stehen fünf Aufgaben an (das Prinzip funktioniert mit jeder beliebigen Zahl) und die Entscheidung, welche Sie zuerst in Angriff nehmen sollten, bereitet Ihnen Probleme, dann schreiben Sie sämtliche Punkte auf eine Liste. Nummerieren Sie wie folgt:

Aufgaben, die erledigt werden müssen

1. ______________________________

2. ______________________________

3. ______________________________

4. ______________________________

5. ______________________________

Vergleichen Sie dann jeden Punkt mit jedem anderen und überlegen Sie: Welcher davon ist wichtiger?

1 oder 2? 1 oder 3? 1 oder 4? 1 oder 5?

2 oder 3? 2 oder 4? 2 oder 5?

3 oder 4? 3 oder 5?

4 oder 5?

Kreisen Sie jeweils die Nummer der wichtigeren Aufgabe ein (denken Sie an einen Siegeskranz). Wer die meisten Siegeskränze hat, hat gewonnen! Das heißt, die Aufgabe, deren Nummer am häufigsten eingekreist wurde, ist die wichtigste von allen – und umgekehrt.

Erfolgreiche Leute sind keine Drückeberger

Erfolgreiche Leute sind keine Drückeberger. Sie zögern nicht, etwas in Angriff zu nehmen. Sie investieren ihre Zeit nicht in die Dinge, die ihnen leicht von der Hand gehen. Sie schieben ihre wichtigen Arbeiten, Aufgaben und Projekte nicht auf später auf – wobei „später“ üblicherweise als der Zeitpunkt definiert wird, zu welchem die Dinge auf einen beliebigen anderen Zeitpunkt verschoben werden können ... Erfolgreiche Leute warten nicht bis fünf vor zwölf, sondern gehen prompt ans Werk, erledigen alles sorgfältig und bringen es pünktlich zum Abschluss. Dann wenden sie sich dem nächsten Projekt zu.

Wollen Sie im Leben Erfolg haben, müssen Sie sich vorrangig mit dem auseinander setzen, was schwierig ist. Aus diesem Grund ist der Gebrauch Ihrer Masterliste so enorm wichtig für Sie. Dadurch behalten Sie den Überblick über alles, was erledigt werden muss, und können Ihre Arbeit rechtzeitig beginnen und beenden.

Memo

- Erfolgreiche Leute tun, was getan werden muss – ob sie Lust dazu haben oder nicht.
- Die Tendenz, unangenehme Aufgaben auf später zu verschieben, ist der größte Karriere-Killer. Wenn Sie Erfolg haben wollen, geht es einfach nicht an, dass Sie eine Arbeit auf später verschieben, nur weil Sie gerade „null Bock“ haben.

Wie isst du deinen Kuchen?

Eine Freundin fragte mich einmal: „Wie isst du deinen Schokoladenkuchen?“ Ich wusste nicht, worauf sie hinauswollte. Also formulierte sie ihre Frage um: „Isst du den Zuckerguss als Erstes, oder hebst du ihn bis zuletzt auf?“ Meine Antwort: „Ich esse den Zuckerguss immer als Erstes, weil er das Beste am ganzen Kuchen ist.“

Dann fragte sie mich, wie ich es denn mit der Erledigung meiner täglichen Arbeit halte. Na ja, erklärte ich ihr, ganz ähnlich wie mit dem Kuchen: Zuerst tue ich das, was mir Spaß macht, und die schwierigeren und weniger angenehmen Dinge schiebe ich auf später auf.

Ob ich denn nicht etwas anderes versuchen wolle, meinte meine Freundin daraufhin: „Heb dir das Gute bis zuletzt auf.“ Sie wollte damit Folgendes sagen: Wenn ich das Schwierige hinter mich gebracht habe – also die Arbeit, die ich nicht so gerne tue –, dann wartet wie zur Belohnung eine angenehme Aufgabe auf mich, nämlich eine Aufgabe, die mir Freude macht. Es zeigte sich, dass dieses Konzept ungeheuer motivierend wirkt. (Trotzdem esse ich bei Schokoladenkuchen nach wie vor den Zuckerguss als Erstes.)

Erfolgstipp

Zwingen Sie sich, die unangenehmste und schwierigste Arbeit gleich am frühen Morgen in Angriff zu nehmen und zu erledigen, wenn Sie noch frisch, bei guter Konzentration und voller Energie sind. Hinterher ist immer noch Zeit für das, was Ihnen leicht von der Hand geht und woran Sie Spaß haben. Mit anderen Worten: Erst die Arbeit, dann das Vergnügen.

Geben Sie Ihren Aufgaben einen dringenden Anstrich – setzen Sie Termine

Wenn Sie Erfolg haben wollen – egal womit! –, müssen Sie Ihre Arbeit, Ihre Aufgaben und Projekte erledigt bekommen. Und zwar pünktlich und korrekt.

Am besten gelingt dies, wenn Sie Ihren Aufgaben einen dringenden Anstrich verleihen. In dem Gefühl, es eilt, werden Sie umso mehr darauf achten, Ihre Fristen einzuhalten, Ihre Energie auf ein Ziel zu konzentrieren und dafür zu sorgen, dass die Arbeit erledigt wird. Dies ist übrigens gleichzeitig eines der besten Mittel gegen die alte Gewohnheit, alles vor sich herzuschieben. Konkrete Tipps:

- **Erledigen Sie die Arbeit frühzeitig.** Zunächst einmal nehmen wir uns vor, unsere Fristen nicht nur einzuhalten, sondern sogar zu unterbieten. Angenommen, Sie sollen bis Freitagvormittag einen Bericht für den Chef fertig machen – legen Sie Ihrem Chef den Bericht doch bereits am Mittwochnachmittag auf den Tisch! Das ist zum Beispiel machbar, indem Sie sich eigene, frühere Termine setzen. Als Faustregel gilt: Rücken Sie die Deadlines für sämtliche Arbeiten, Aufgaben und Projekte um ein bis zwei Tage nach vorn. Dadurch gewinnen Sie Zeit, die z.B. dafür genutzt werden kann, Ihr Werk nochmals zu bedenken und zu überprüfen, bevor Sie es aus der Hand geben. Außerdem verschaffen Sie sich dadurch eine gewisse „Pufferzone", d.h., wenn nicht alles exakt plangemäß läuft und Ihnen etwas dazwischenkommt, haben Sie nach Ablauf Ihrer persönlichen Deadline immer noch Luft, um die Aufgabe dennoch pünktlich abzuschließen.
- **Setzen Sie Ihren Mitarbeitern zeitige Termine.** Wenn Sie eine Arbeit delegieren, sollten Sie dem Betreffenden einen konkreten Abgabetermin nennen. Den wählen Sie aber um ein bis zwei Tage früher, als Sie die Arbeit im Grunde benötigen. Auf diese Weise schaffen Sie sich einen Puffer für den Fall, dass es zu einer Verzögerung kommt.

Auch bleibt Ihnen dann etwas mehr Zeit für Überlegungen, bevor Sie eine Entscheidung treffen müssen.

Zeitspartipps

- Wenn Sie eine Arbeit an jemand anderen delegieren, geben Sie immer an, bis wann – mit Datum und Uhrzeit – sie erledigt sein muss. Sagen Sie beispielsweise, Sie brauchen die Arbeit bis Mittwoch, 15.00 Uhr auf Ihrem Schreibtisch oder bis Donnerstag, 9.00 Uhr. Damit wird klar, dass es sich um etwas Wichtiges handelt.
- Wenn Sie eine Arbeit an jemand anderen delegiert haben, erinnern Sie den Betreffenden ein bis zwei Tage vor Ablauf der Bearbeitungsfrist telefonisch daran, dass die Aufgabe bis zu dem angegebenen Termin erledigt sein muss. Lassen Sie sich umgekehrt von *ACT!* daran erinnern. *ACT!* hilft Ihnen, dem Gedächtnis der anderen ein wenig nachzuhelfen. Das ist einer der Punkte, die *ACT!* zu einem so hoch effizienten Partner im Zeitmanagement machen. Bedenken Sie: Geschmiert wird immer das Rad, das quietscht. Seien Sie also das „quietschende Rad“, bringen Sie sich in Erinnerung, behalten Sie sämtliche Arbeiten, Aufgaben und Projekte im Auge, die Sie delegiert haben.

- **Ohne Deadline läuft nichts.** Aufgaben, für deren Erledigung kein Termin gesetzt ist, werden erfahrungsgemäß nie erledigt. Versehen Sie deshalb all Ihre Aufgaben mit einer Deadline; damit ist sichergestellt, dass sie nicht bis in alle Ewigkeit auf Ihrer Masterliste stehen bleiben. Sondern Sie werden sie in Angriff nehmen, zu Ende bringen, auf der Liste abhaken – und sich der nächsten Aufgabe zuwenden.
- **Übertreffen Sie die Erwartungen.** Wenn Sie einen *wirklich* guten Eindruck auf Ihren Chef machen wollen, auf einen Kunden oder sonst jemanden, für den Sie eine Leistung erbringen, dann liefern Sie ihm mehr, als gefordert war. Was ich damit meine? Nun, bringen Sie 110 Prozent!
  - Hat man Ihnen ein Ziel vorgegeben: Übertreffen Sie es. Hat man Ihnen einen Termin gesetzt: Seien Sie vorher fertig! Hat man Ihnen eine Chance eingeräumt, Leistung zu erbringen: Tun Sie es!
  - Seien Sie derjenige, der die Probleme löst.

Memo

Fehler kosten Geld. Ihr Ziel ist, jede Arbeit auf Anhieb korrekt erledigt zu bekommen.

- Entwickeln Sie den Ehrgeiz, innerhalb Ihrer Abteilung, Ihrer Firma oder Ihres Unternehmens der am besten informierte und qualifizierte Mitarbeiter zu sein.
- Übernehmen Sie Verantwortung für das, was Sie tun.

Arbeiten Sie korrekt!

Korrekte Erledigung ist für jegliche Arbeit das A und O. Ob es sich dabei um einen Brief, ein Memo oder einen Bericht für Ihren Chef handelt oder um die Erfüllung eines millionenschweren Auftrags, spielt letztlich keine Rolle.

Sie müssen sicherstellen, dass alles bis auf das i-Tüpfelchen stimmt. Auch aus diesem Grund sollten Sie Ihre Arbeit, Ihre Aufgaben und Projekte möglichst zeitig in Angriff nehmen und ein bis zwei Tage vor der Deadline abgeschlossen haben (indem Sie sich einen eigenen, vorgezogenen Termin setzen). Sie haben dann noch Zeit zur Verfügung, um Ihre Arbeit zu prüfen und zu überdenken. Stimmt auch wirklich alles? Gegebenenfalls können Sie nach Verbesserungsmöglichkeiten suchen.

- **Korrekturlesen:** Sie sollten Briefe, Memos, Berichte, Angebote etc. nicht aus der Hand geben, bevor Sie alles Korrektur gelesen haben. Legen Sie die Dokumente zunächst eine Zeit lang beiseite und beschäftigen Sie sich mit etwas anderem. Wenn Sie dann das Schreiben wieder aufnehmen, lesen Sie es sorgfältig durch und überprüfen Sie, ob das, was Sie zu Papier gebracht haben, dem entspricht, was Sie wirklich sagen wollten.

Beispiel

Abe Lincoln äußerte einmal: „Ich hätte gerne einen kürzeren Brief gesandt, aber mir fehlte die Zeit." Lange Briefe, ausführliche Berichte, weitschweifige Darstellungen sind schnell verfasst. Aber es kostet eine Menge Arbeit, ein Dokument auf nur wenige Absätze oder einige knappe Seiten zu komprimieren.

- Ich habe herausgefunden, dass sich jede Arbeit verbessern lässt, wenn ich mir die Zeit nehme, darüber nachzudenken und alles noch einmal durchzulesen. Dies trifft besonders auf Rechtschreib- und Grammatikfehler zu. Studien zufolge sind in den meisten Büros rund 85 Prozent der Papiere, die über die Schreibtische laufen, fehlerbehaftet. Und die Kosten für die Korrekturen können bis zu 25 Prozent der Kosten für die ursprüngliche Anfertigung ausmachen.
- Achten Sie auf den Aufbau Ihrer Schriftstücke achten. Die wenigsten Leute haben die Zeit, sämtliche Papiere, die auf ihren Schreibtisch gelangen, von vorn bis hinten durchzulesen. Bringen Sie also immer die

wichtigste Information – die Nachricht, die Sie vermitteln wollen – im ersten Satz des obersten Abschnitts unter. Sagen Sie dem Leser, was Sie ihn wissen lassen wollen. Alles an Zusatzinformation sollte weiter unten stehen.

- **Kontrollieren Sie Ihre Zahlen.** Wenn Sie ein Angebot verschicken oder sonst ein Schreiben, das Zahlen enthält, dann kontrollieren Sie die Richtigkeit dieser Zahlen zwei- und dreimal. Noch besser: Lassen Sie die Zahlen durch einen Unbeteiligten überprüfen. Häufig entdeckt ein Außenstehender die Fehler leichter (und vollständiger!) als Sie, weil Sie zu sehr in der Materie drinstecken.

Beispiel

Mir ist der Fall einer Firma bekannt, die einen millionenschweren Auftrag erhalten hatte; es ging um die Herstellung von Güterwaggons für die Eisenbahn. Unglücklicherweise basierte das Preisangebot auf einer fehlerhaften Kalkulation. Je mehr Waggons produziert wurden, desto mehr Verlust machte die Firma. Das Ende der Geschichte war der Firmenbankrott.

Konzentrieren Sie sich auf die wichtigen Aufgaben, nicht auf die dringenden

Es ist ein großer Unterschied, ob man etwas Wichtiges oder etwas Dringendes tut. Manche Leute verbringen den Löwenanteil ihrer Arbeitszeit damit, die dringenden Angelegenheiten zu erledigen. Wir bezeichnen solche Leute als Krisenmanager. Sie tun nichts anderes, als Krisen und Notsituationen zu bewältigen.

Weil sie immer dort agieren, wo es gerade brennt, sind sie am Ende des Tages nach so viel Löscharbeit (die viel Zeit und Energie kostet!) regelrecht erschöpft. Es bleibt ihnen weder die geistige noch die körperliche Energie für die wichtigen Aufgaben und Projekte, über die sie in all der Aufregung noch gar nicht nachdenken konnten. Wenn sie diese Aufgaben endlich angehen, sind sie schon wieder knapp in der Zeit, die nächste Deadline lauert am Horizont, und erneut geraten die Dinge außer Kontrolle.

Memo

Wenn Sie als Krisenmanager durchs Leben gehen, haben Sie keine Kontrolle mehr über das, was sich in Ihrem Leben ereignet.

In vielen Fällen hätten sich solche Krisen, die uns dazu zwingen, alles andere stehen und liegen zu lassen, durchaus vermeiden lassen. Vielleicht haben wir versäumt, etwas zu erledigen, was hätte erledigt werden sollen; oder wir haben es nicht ordnungsgemäß erledigt. Plötzlich stehen wir vor einem Problem – und vor der Verantwortung, dieses Problem zu lösen.

Memo

Wenn es bei jemand anderem brennt, müssen Sie nicht unbedingt löschen.

Zeitspartipp

Sie sollten sich angewöhnen, bei der Durchsicht der Punkte auf Ihrer Masterliste Prioritäten festzulegen. Hüten Sie sich aber davor, die Beschäftigung mit der Masterliste zu einem Selbstzweck werden zu lassen. Konzentrieren Sie Zeit und Energie auf die Aufgaben, die am wichtigsten sind.

Effizient oder effektiv?

Im Lexikon findet man „effizient" etwa wie folgt definiert: in der bestmöglichen Weise und mit geringstem Aufwand eine Leistung erbringend bzw. funktionierend. Effizient arbeitet, wer eine Aufgabe in der kürzest möglichen Zeit und mit so wenig Anstrengung wie möglich zu Ende bringt.
Hingegen versteht man unter „effektiv": das beabsichtigte oder erwartete Resultat erbringend. Effektiv arbeitet folglich, wer zur richtigen Zeit die richtige Aufgabe in Angriff nimmt und innerhalb des geforderten Zeitlimits abschließt.
Heutzutage arbeiten die meisten Leute überwiegend effizient. Nur ... leider verwenden sie ihre Zeit auf Dinge, die unwichtig oder belanglos sind. Der Erfolgreiche kümmert sich zuerst um die wichtigen Dinge und erledigt diese zügig und korrekt. Er arbeitet gleichzeitig *effizient* und *effektiv*.

Seien Sie derjenige, der die Probleme löst

Das ganze Leben besteht daraus, dass man Möglichkeiten finden muss, wie man ein Problem nach dem anderen löst. Es ist eben dieser Prozess, solchen Problemen gegenüberzutreten und sie zu lösen, der dem Leben seine Bedeutung verleiht. Wenn Sie die Fähigkeit haben, Probleme zu überwinden und Lösungen zu finden, wird Ihr Leben ein riesiger Erfolg werden. Die folgenden beiden Punkte sollten Sie im Auge behalten:

- Wer Probleme nicht löst, bringt nie etwas zu Wege. Verwenden Sie Ihre Zeit darauf, Probleme zu lösen; verschwenden Sie keine Zeit damit, sie zu bejammern.
- Wenn ein Problem nicht gelöst wird, bleibt irgendetwas unerledigt, und irgendjemand wird unzufrieden. Dieser Jemand könnte ein Kunde sein, ein Zulieferer, der Chef oder ein Vorgesetzter, aber auch ein Familienmitglied. In der Folge erntet man entweder Beschwerden, oder man bekommt die Beziehung aufgekündigt.

Finden Sie eine Lösung für das Problem, und Sie werden daran wachsen. Sie lernen etwas Neues. Ihre Fundamente – Fähigkeiten, Begabungen und Erfahrung – festigen sich, gewinnen an Tiefe und an Weite. Sie haben jetzt noch mehr, worauf Sie bauen können.

Erfolgstipp

Werden Sie die Nummer eins im Lösen von Problemen, und Sie werden *der* Experte. Übrigens: Experten sind sehr hoch bezahlte Leute.

Memo

Man beurteilt Sie nach der Qualität der Arbeit, die Sie liefern, und danach, wie pünktlich Sie diese abliefern; niemand fragt danach, wie viele Stunden Sie im Lauf eines Tages über Ihrer Arbeit sitzen.

Die folgenden Schritte empfehlen sich zur Lösung jeden Problems:

1. Nehmen Sie sich die Zeit, das Problem auf den Punkt zu bringen und zu analysieren.
2. Stellen Sie einen Handlungsplan zur Problemlösung auf.
3. Führen Sie diesen Plan durch.

Sobald Sie das Problem gelöst haben, lenken Sie Ihr Augenmerk dorthin, wo Ihre Aufmerksamkeit gefordert ist.

Nehmen Sie sich die Zeit, Probleme zu lösen

Häufig werden Probleme deshalb nicht gelöst, weil derjenige, der dazu in der Lage wäre, einfach zu beschäftigt ist. Er nimmt sich nicht die nötige Zeit. Aber was wird mit einem kleinen Problem, das nicht aus dem Weg geräumt wird, solange es klein ist? Es wird größer und größer, bis es sich schließlich zu einem *wirklichen* Problem auswächst, das nur mit viel Zeit-, Energie- und Kraftaufwand gelöst werden kann.

Es ist viel einfacher, Probleme frühzeitig anzugehen, wenn sie noch klein und gut zu bewältigen sind. Sieht man einem sich entwickelnden Problem zu lange zu, kann es leicht außer Kontrolle geraten. Denken Sie an einen Waldbrand: Von einem Lagerfeuer fliegt Glut auf irgendwelches dürres Gras. Niemand merkt etwas davon. Während der ersten paar Minuten ist dieses kleine Feuer womöglich noch leicht unter Kontrolle zu bringen, aber im Nu hat es solche Ausmaße angenommen, dass die Camper keine Chance mehr haben, es zu löschen. Dann sind vielleicht Hunderte von Feuerwehrmännern tagelang mit der Brandbekämpfung beschäftigt.

Was tun Sie denn in Wirklichkeit, wenn Sie sich eines kleinen Problems nicht annehmen? Sie drücken sich. Sie hoffen, es löst sich von allein – oder jemand anderer nimmt sich die Zeit und löst es für Sie.

Unglücklicherweise lösen sich Probleme nicht von allein. Man muss sich damit auseinander setzen, sich hindurcharbeiten und schließlich einer Lösung zuführen. Andernfalls behält man sie auf ewig.

Beispiel

Häufig sehe ich Leute in gebückter Haltung die Straße entlanggehen, als trügen sie die Last der ganzen Welt auf ihren Schultern. Nun – ja! Ja, sie tragen die Last all ihrer Probleme auf ihrem Rücken und lassen sich davon zermalmen.

Ungelöste Probleme zehren. Sie zehren an der geistigen, intellektuellen und körperlichen Kraft. Sicher kennen Sie den Satz: „Ich bin so ausgelaugt!“ Er beschreibt jemanden, dessen Probleme solche Ausmaße angenommen haben, dass er keine Energie mehr hat – keine geistige, keine körperliche. „Ich bin so ausgelaugt!“ Wer sich so beschreibt, der ist erschöpft, als hätte er ein Riesenproblem gelöst; in Wahrheit ist sein Problem immer noch präsent und schreit danach, angegangen zu werden.

Memo

Sie müssen keine Verantwortung für das Problem eines anderen übernehmen. Aber sobald Sie einmal Verantwortung für die Lösung eines Problems übernommen haben, ist es zu Ihrem Problem geworden.

Jeden Tag optimal ausnützen

Wir beginnen jeden neuen Tag mit den allerbesten Absichten. Da gibt es wichtige Arbeit, die wir abschließen wollen, Leute, mit denen wir sprechen möchten, und Langzeit-Projekte, die wir in Angriff nehmen müssen. Ist jedoch der Tag zu Ende, stellen wir fest, dass wir nur einen Bruchteil dessen geschafft haben, was wir uns vorgenommen hatten. Das zwingt uns, unsere Arbeitszeit auszudehnen – wir kommen früher, gehen später, arbeiten die Wochenenden durch. Fleißig sind wir zweifelsohne; aber wie produktiv sind wir?

Auf den folgenden Seiten werde ich Ihnen verraten, wie Sie Zeit sparen können; ich werde Ihnen Tipps, Arbeitsverfahren und Strategien nennen, mit deren Hilfe Sie Ihre Produktivität steigern, mehr Dinge erledigt bekommen und gleichzeitig Ihren Arbeitstag vollständig im Griff haben. Machen Sie Gebrauch von meinen Vorschlägen, und Ihre Reise auf der Straße zum Erfolg wird viel reibungsloser verlaufen.

Vereinbaren Sie einen Termin mit sich selbst

Ein möglicher Weg, um sicherzustellen, dass Sie ihre wichtige, mit hoher Priorität bezeichnete Arbeit fristgerecht und korrekt erledigt bekommen, besteht in der Verabredung eines Termins mit sich selbst. Sie können nur dann eine Arbeit zum Abschluss bringen, wenn Sie sich im Lauf des Tages dafür Zeit einräumen; das können 30, 60 oder 90 Minuten sein, in denen Sie sich nicht stören lassen. In dieser Zeit konzentrieren Sie Ihre ganze Aufmerksamkeit auf die Arbeit, die ansteht.

Hiermit erteile ich Ihnen die Genehmigung zu folgenden Maßnahmen:

- Schließen Sie die Tür (bzw. bringen Sie ein Schild „Bitte nicht stören" dort an, wo Ihr Arbeitsbereich beginnt).
- Schalten Sie das Telefon und Ihren Pager ab und sorgen Sie für eine ungestörte, ruhige Zeit.
- Gewähren Sie sich etwas Zeit, um nachzudenken und sich zu konzentrieren, wenn Sie Ihre wichtigen Arbeiten, Aufgaben und Projekte angehen.

Sollte irgendjemand fragen, weshalb Sie die Tür schließen, das Telefon abstellen und sich Zeit für sich selbst nehmen, antworten Sie einfach: Der Zeitmanagement-Guru Jeffrey Mayer hat's mir erlaubt.

Telefongespräche oder Besprechungen ziehen meist für alle Beteiligten irgendwelche Folgetätigkeiten nach sich. Sie kennen das sicher, nicht wahr? Deshalb sollten Sie *immer* in einem ersten Schritt die neue Aufgabe auf der Masterliste oder in *ACT!* festhalten; so kann sie nicht vergessen werden. In einem zweiten Schritt stellen Sie sich vier Fragen:

1. Wann muss diese Aufgabe erledigt werden?
2. Wie viel Zeit benötige ich dafür?
3. Wie wichtig ist sie?
4. Wann werde ich mich darum kümmern?

Haben Sie diese Fragen beantwortet, entscheiden Sie mit einem Blick in Ihren Kalender, wann Sie die betreffende Aufgabe angehen und erledigen können. Reservieren Sie sich die entsprechende Zeit in Ihrem Kalender.

Zeitspartipp

Für die meisten Arbeiten braucht man mehr Zeit als erwartet. Planen Sie also 50 Prozent mehr Zeit ein, als Sie Ihrer Einschätzung nach benötigen.

„Ich muss aber doch für meine Kunden erreichbar sein!"

Tag für Tag erzählen mir die Leute, dass sie für ihre Kunden *rund um die Uhr* erreichbar sein müssen. Johns Tag beispielsweise sieht folgendermaßen aus:

John beginnt eine Arbeit, die er für Bill erledigen soll. Das Telefon klingelt. Sally ist in der Leitung; sie habe eine Frage. John legt Bills Arbeit zur Seite und versucht, Sallys Frage zu klären. Dann erreicht ihn eine Express-Sendung von Fred.

John unterbricht die Arbeit an Sallys Projekt und beginnt, etwas für Fred zu tun. Wieder klingelt das Telefon. Diesmal ist es Phyllis. Sie hat ein Problem – also lässt John alles stehen und liegen und kümmert sich augenblicklich darum.

Am Ende des Tages hat John eine Reihe von Kunden, die glauben, dass ihre Aufträge bearbeitet werden. In Wirklichkeit wird kein einziger bearbeitet. Aufgrund der Unterbrechungen konnte keine einzige Arbeit abgeschlossen werden. Stattdessen befindet sich alles in einem Zustand teilweiser Erledigung. Und die lange Liste angefangener Arbeiten wird mit jedem Tag länger. Schließlich wird keiner der Kunden zufrieden sein.

So führt man kein Geschäft!

Holen Sie aus Ihrer Hoch-Zeit das Beste heraus

Für uns alle gibt es eine bestimmte Tageszeit, in der wir vor Energie und Begeisterung sprühen. Wir können hervorragend nachdenken und uns konzentrieren. Dies ist genau die Zeit, in der wir zu unserer persönlichen Bestleistung imstande sind. Ich will diese Zeit als Hoch-Zeit bezeichnen, die Zeit des Tages, in der man in Hochform ist.

Bei manchen ist dies am Morgen der Fall, bei anderen am Nachmittag, und die dritte Gruppe kann mitten in der Nacht am allerbesten arbeiten. Unabhängig davon, ob Sie ein Morgen-, Nachmittags-, oder Mitternachts-Typ sind, sollten Sie sich angewöhnen, in Ihrer persönlichen Hoch-Zeit die Aufgaben anzugehen, die am wichtigsten sind und Ihnen am meisten abverlangen.

Tragen Sie in unten stehender Tabelle Ihre persönliche Leistungsfähigkeit zu unterschiedlichen Zeiten im Tagesverlauf ein: Betrachten Sie den jeweiligen Zeitabschnitt und kreisen Sie die Zahl ein, die das Maß Ihrer Produktivität am besten widerspiegelt. Mit 5 bezeichnen Sie Ihre produktivste, mit 1 Ihre unproduktivste Zeit.

Nützen Sie Ihre Hoch-Zeit, um Ihre wichtigste Arbeit in Angriff zu nehmen; versuchen Sie, soweit möglich alle Besprechungen, Termine und sonstigen Aktivitäten auf andere Zeiten des Tages zu legen. Sie werden feststellen, dass Sie auf diese Weise in weniger Zeit und bei geringerer Anstrengung mehr erledigt bekommen.

Leistungsfähigkeits-Tabelle		
Wann arbeiten Sie am besten?		
am frühen Vormittag	am besten 5 – 4 – 3 – 2 – 1	am schlechtesten
mitten am Vormittag	am besten 5 – 4 – 3 – 2 – 1	am schlechtesten
am späten Vormittag	am besten 5 – 4 – 3 – 2 – 1	am schlechtesten
um die Mittagszeit	am besten 5 – 4 – 3 – 2 – 1	am schlechtesten
am frühen Nachmittag	am besten 5 – 4 – 3 – 2 – 1	am schlechtesten
am späten Nachmittag	am besten 5 – 4 – 3 – 2 – 1	am schlechtesten
am frühen Abend	am besten 5 – 4 – 3 – 2 – 1	am schlechtesten
mitten in der Nacht	am besten 5 – 4 – 3 – 2 – 1	am schlechtesten

Reservieren Sie die beiden ersten Stunden des Tages für sich

Vor vielen Jahren kam ich auf eine an sich sehr simple Idee, nämlich die beiden oben genannten Zeitspartipps miteinander zu kombinieren.

- Vereinbaren Sie einen Termin mit sich selbst.
- Nützen Sie Ihre Hoch-Zeit für die wichtigste Arbeit.

Die meisten Berufstätigen gehören heutzutage dem Morgen-Typ an. Und auch wenn Sie sich nicht dazu zählen, müssen Sie doch mit großer Wahrscheinlichkeit tagsüber Ihrem Beruf nachgehen. Deshalb gilt für alle:

Reservieren Sie die beiden ersten Stunden des Arbeitstages für sich:

keine Besprechungen!

keine Unterbrechungen!

keine Telefongespräche!

Sie werden die doppelte Arbeit in der halben Zeit mit der halben Anstrengung bewältigen. Allein dieser Gedanke kann bereits eine Menge zu Ihrem Erfolg beitragen.

Ich weiß, was Sie jetzt denken! „Ich kann doch nicht zwei Stunden am Stück in Klausur gehen. Ich muss verfügbar sein, um Fragen zu beantworten. Ich muss auf die Wünsche und Bedürfnisse meiner Kunden, Klienten, Interessenten, Kollegen, Mitarbeiter und natürlich auch meines Chefs reagieren."

Aber betrachten Sie dies doch einmal in einem anderen Licht. Wenn Sie nicht dafür sorgen, dass Sie jeden Tag einige Zeit ohne Unterbrechung arbeiten können, werden Sie die Arbeit, die Ihnen Ihre Kunden, Klienten, Interessenten, Kollegen, Mitarbeiter und Ihr Chef bereits zugewiesen haben, niemals zu Ende bringen.

Abgesehen davon – ist es nicht so, dass in Ihrem Tagesablauf auch irgendwelche Besprechungen vorgesehen sind? Verlassen Sie nicht mittags das Büro, um essen zu gehen? Nehmen Sie nicht auch Telefongespräche entgegen? Sie sehen: Sie sind durchaus nicht jede Minute des Arbeitstages für jeden verfügbar. Reservieren Sie also einen bestimmten Zeitraum für sich, und Sie werden in der Hälfte der Zeit und mit der halben Anstrengung das Doppelte erreichen.

Mir ist klar, dass es in der Praxis manchmal unmöglich ist, sich früh am Morgen zwei Stunden ununterbrochener Arbeitszeit herauszunehmen. Und je nachdem, welcher Art Arbeit Sie nachgehen, haben Sie möglicherweise irgendwelche Verpflichtungen, die zwingend die frühen Morgenstunden in Anspruch nehmen. Aber vielleicht könnten Sie eine Stunde erübrigen, oder wenigstens 30 Minuten. Entscheidend ist, dass Sie sich im Lauf des Tages eine bestimmte Zeit einräumen, während der Sie ohne Unterbrechungen Ihre wichtige Arbeit beginnen und beenden können.

Zeitspartipp

Planen Sie in Ihrem Kalender *Zeit für sich selbst* ein. Öffnen Sie den Kalender oder Terminplaner und betrachten Sie das Programm für den nächsten Monat. Sind irgendwelche Termine oder Besprechungen am frühen Morgen eingetragen, versuchen Sie, diese auf einen späteren Zeitpunkt im Tagesverlauf zu verlegen. Nehmen Sie nun einen roten Stift zur Hand und streichen Sie den ganzen Monat hindurch die beiden ersten Stunden an jedem Tag durch. Auf diese Weise sichern Sie sich Zeit, die Ihnen allein gehört – Zeit, in der Sie sich an Ihre wichtigsten Aufgaben machen können.

Memo

Wenn Sie mit der Arbeit an diesen wichtigen Aufgaben erst am Ende des Tages beginnen, werden Sie so müde und erschöpft sein, dass Sie garantiert keine Höchstleistungen mehr bringen können.

Zeitspartipp

Beginnen Sie wichtige Aufgaben dann, wenn sie Ihnen zugeteilt werden, und Sie werden qualitativ hochwertige Arbeit liefern. Sie werden weniger Krisen und Notfälle bewältigen müssen, weil Sie Ihre Aufgabe rechtzeitig beendet haben.

Üben Sie Kontrolle über Ihre Besprechungen aus

Besprechungen sind notorische Zeitfresser. Die meisten Leute verbringen 30 bis 50 Prozent jedes Arbeitstages mit unproduktiven Besprechungen. Wollen Sie Ihre Träume verwirklichen und im Leben das erreichen, was Ihnen zu erreichen vorschwebt, können Sie es sich nicht leisten, Ihre wertvolle und kostbare Zeit auf diese Weise zu vergeuden.

Memo

Ein Unternehmen, in dem sich ständig jeder mit jedem trifft und bespricht, ist ein Unternehmen, in dem niemand irgendetwas erledigt bekommt.

Im Folgenden einige Tipps für Ihre Besprechungen:

- **Sagen Sie Nein.** Nur weil jemand eine Besprechung anberaumen möchte, heißt das nicht, dass Sie auch hingehen müssen. Noch bedeutet es, dass die Besprechung notwendig ist. Fragen Sie den Betreffenden, warum er die Zusammenkunft wünscht und was er dadurch erreichen möchte. In den meisten Fällen wird sich herausstellen, dass man die zu diskutierenden Gesprächspunkte ebenso gut am Telefon, per Post oder über E-Mail abhandeln kann.
- **Arbeiten Sie mit einer Tagesordnung.** Wenn Sie zu einer Besprechung gehen müssen, sollten Sie darauf bestehen, dass zuvor eine Tagesordnung aufgestellt und jedem Teilnehmer ausgehändigt wird. Darauf sollten die Diskussionspunkte in der Reihenfolge ihrer Wichtigkeit aufgelistet sein, damit sich jeder über die Gesprächsinhalte orientieren kann. Ein Muster für eine solche Tagesordnung finden Sie unten. Machen Sie davon Gebrauch!

- **Jemand muss durch die Besprechung führen.** Wer die Besprechung einberufen hat, ist dafür verantwortlich, dass keine Zeit mit der Diskussion über unrelevante, unwichtige Themen vergeudet wird. Es ist seine Aufgabe, die Besprechung zu steuern und voranzutreiben.
- **Beginn und Ende müssen vorgegeben sein.** Für alle Besprechungen sollten Beginn und Ende mit Angabe der genauen Uhrzeit vorgegeben sein. Wiederum ist es Aufgabe desjenigen, der die Besprechung einberufen hat, für die Einhaltung dieser Zeiten zu sorgen (ebenso wie er dafür Sorge trägt, dass man nicht vom Thema abweicht).

Memo

Besprechungen, die mit Verspätung beginnen und ewig dauern, ruinieren den Tag aller Beteiligten.

- **Besprechungen müssen zu einem Resultat führen.** Am Ende jeder Besprechung müssen Schlussfolgerungen oder Entscheidungen vorliegen. Jeder muss wissen, was von ihm erwartet wird, was insgesamt als Nächstes ansteht und bis wann welche Arbeitsschritte erledigt sein sollen.

Memo

Eine Besprechung, die zu nichts weiter führt als dem Entschluss, eine weitere Besprechung anzuberaumen, ist in höchstem Maße unproduktiv.

Zeitspartipp

Haben Sie immer Ihren Terminplaner bei sich. Sollte sich eine neuerliche Besprechung als notwendig erweisen, kann direkt Datum und Uhrzeit festgesetzt werden, bevor alle Beteiligten zur Tür hinaus sind.

Muster: Formblatt einer Tagesordnung

Datum der Besprechung: ________________________________

Ort: ________________________________

Beginn (Uhrzeit): ________________________________

Ende (Uhrzeit): ________________________________

einberufen von: ________________________________

Zweck der Besprechung: ________________________________

erwünschtes Resultat: ________________________________

Teilnehmer:

1. ________________________________
2. ________________________________
3. ________________________________
4. ________________________________
5. ________________________________

Tagesordnungspunkte/jeweils dafür vorgesehene Zeit

1. ________________________________
2. ________________________________
3. ________________________________
4. ________________________________
5. ________________________________

[Bitte beachten Sie: Die wichtigsten Besprechungspunkte sollten an 1. Stelle der Tagesordnung aufgeführt und zuerst abgehandelt werden. Wer die Tagesordnung vorbereitet, sollte auch vermerken, wie viel Zeit dem jeweiligen Thema zugestanden wird.]

Die wichtigsten Besprechungspunkte herausfinden

Häufig taucht während einer Besprechung die eine oder andere Angelegenheit oder Idee ganz neu auf. Gemeinsam versucht man dann zu entscheiden, welcher Punkt davon am wichtigsten ist; dies verschlingt unendlich viel Zeit. Zur Beschleunigung des Entscheidungsprozesses empfehle ich Ihnen die folgende Methode:

1. Schreiben Sie alle Punkte in Form einer durchnummerierten Liste auf ein Flipchart.
2. Lassen Sie jeden Besprechungsteilnehmer auf einem Blatt Papier die Nummern der Punkte notieren, die er gerne abhandeln möchte.
3. Ermitteln Sie die Stimmenzahl für jeden zur Diskussion stehenden Besprechungspunkt.
4. Streichen Sie die Besprechungspunkte mit den niedrigsten Stimmenzahlen von der Liste.
5. Wiederholen Sie den Vorgang so oft, bis nur noch drei Punkte zur Diskussion stehen.
6. Versuchen Sie sich dann zu einigen, welches der drei verbliebenen Themen am wichtigsten ist – im Hinblick auf die Ziele der Besprechungsrunde bzw. das zu lösende Problem.

Hüten Sie sich vor Ad-hoc-Besprechungen

Ad-hoc-Besprechungen – in Wahrheit nichts anderes als Unterbrechungen – sind immense Zeitfresser und Produktivitätsvernichter. Sie brechen in Ihre Konzentration ein, stören Ihre Gedankengänge und nehmen Ihnen den Schwung. Wenn Sie Ihren Tag *wirklich* unter Kontrolle bekommen wollen, müssen Sie Möglichkeiten finden, sich vor solchen Besprechungen zu schützen.

Im typischen Falle bahnt sich eine Ad-hoc-Besprechung wie folgt an: Jemand kommt vorbei und fragt: „Haben Sie eine Minute für mich? Ich muss mit Ihnen über … sprechen.“ Der Jemand nimmt Platz und schlägt Wurzeln. Ehe Sie wissen, wie Ihnen geschieht, sind 5, 10, 15, 20, 30 oder 60 Minuten Ihres Tages dahin. Dabei hat die eigentliche Frage wirklich nur einen Augenblick in Anspruch genommen. Nur – Ihr Gegenüber kam im Folgenden auf tausend andere Dinge zu sprechen und hörte einfach nicht auf zu reden.

Geschähe so etwas lediglich ein- bis zweimal am Tag, könnte man damit leben. Aber in den meisten Büros geht es den ganzen Tag so zu. (Und da fragen Sie sich, weshalb Sie so viele Arbeitsstunden schieben und dabei doch so wenig zu Wege bringen?)

Memo

Wenn Sie zulassen, dass man Sie auf diese Weise unterbricht, werden Sie nie etwas zu Wege bringen.

Beim nächsten Mal, wenn jemand Ihr Büro betritt und Anstalten macht, sich häuslich niederzulassen, sagen Sie ihm also freundlich, aber bestimmt:

Nein, ich kann jetzt keinen Augenblick erübrigen.
Ich stecke mitten in einer sehr wichtigen Aufgabe/in einem sehr wichtigen Projekt.

Fragen Sie dann, ob man sich nicht zu einem späteren Zeitpunkt treffen könnte, der Ihnen beiden gelegen ist; Sie stecken jetzt mitten in einer Arbeit, einer Aufgabe, einem Projekt, und dies müssen Sie zu Ende bringen. (Natürlich wird Ihr Gegenüber protestieren und argumentieren: „Es dauert doch nur eine Minute." Bleiben Sie fest!)

Indem Sie Besprechungen auf diese Weise planen, können Sie Ihre Zeit besser ausschöpfen. Sie sind in der Lage, alles Benötigte zu dem Termin mitzunehmen, und das Gleiche gilt für Ihren Gesprächspartner. Nicht nur, dass Sie eine Unterbrechung ausgeschaltet haben, Sie haben sogar eine Möglichkeit geschaffen für sinnvolle, ergiebige Diskussionen über eine Reihe anderer wichtiger Angelegenheiten.

Planen Sie Ihre Telefonate

Ungeheuer viel Zeit verschlingt auch das Telefon. Jedes Klingeln bedeutet eine Unterbrechung. Was auch immer Sie gerade tun – Sie hören damit auf, um den Hörer abzunehmen, und schon sind Sie mit etwas ganz anderem beschäftigt.

Man kann es nicht genug betonen: Es ist absolut legitim, einem Anrufer die Mailbox oder den Anrufbeantworter zuzumuten. Ebenso legitim ist, wenn für kurze Zeit ein Dritter Ihre Telefonate entgegennimmt.

Und selbst wenn Sie sich entscheiden, den Hörer abzunehmen, sind Sie nicht automatisch dem Gesprächspartner auf Gedeih und Verderben ausgeliefert. Sie haben die Wahl, ihm zu erklären, dass Sie im Augenblick nicht sprechen können. Je nachdem, um wen es sich handelt, können Sie ihn vielleicht um ein fest geplantes Konferenzgespräch zu einem späteren Zeitpunkt ersuchen.

Die meisten Leute denken bei „Konferenzgespräch“ an die Beteiligung von drei oder mehr Personen; ich benutze diesen Terminus generell für geplante Telefontermine. Lassen Sie mich Ihnen hierzu einige Tipps geben:

- Jeder der Beteiligten sollte sich Datum und Uhrzeit des Gesprächs im Terminplaner notieren.
- Beide Parteien sollten sich die Telefonnummer des Gesprächspartners geben lassen (sofern sie diese nicht bereits haben), so dass jeder den anderen anrufen kann, wenn es irgendwelche Schwierigkeiten gibt oder einer von beiden in einer anderen Angelegenheit aufgehalten wird.
- Das Gesprächsthema sollte bereits im Vorfeld umrissen werden.
- Ferner sollte festgelegt werden, wer von beiden den Anruf initiiert.

Planen Sie Zeit ein für Ihren Mitarbeiterstab und Ihre Kollegen

Zeit mit dem Mitarbeiterstab und den Kollegen zu verbringen gehört für die meisten Leute zu einem wesentlichen Bestandteil des Arbeitstages. Aber in den meisten Büros wird damit eine Menge Zeit vergeudet. Ständig steht jemand von seinem Schreibtisch auf, um einen anderen irgendetwas zu fragen. Der wird dadurch in seiner augenblicklichen Tätigkeit unterbrochen, und im Endeffekt bedeutet es für alle Beteiligten eine große Zeitverschwendung. Mit Hilfe der folgenden Vorschläge können Sie dieses Problem lösen:

- **Planen Sie spezielle Zeiten für die Kollegen ein.** Vielleicht – nur als Beispiel – ist es für Sie günstig, am späten Vormittag und dann nochmals am späten Nachmittag mit den Mitgliedern Ihres Mitarbeiterstabs zusammenzukommen. Während dieser Treffen können Sie alles zur Sprache bringen, was sich seit der letzten Zusammenkunft ergeben hat; das Gleiche gilt für Ihre Kollegen. Auf diese Weise können Sie viele Angelegenheiten gebündelt besprechen, anstatt über den ganzen Tag verteilt immer wieder Einzelpunkte serviert zu bekommen.
- **Halten Sie Verkaufsbesprechungen und Mitarbeitertreffen gegen Ende der Woche ab.** Verkaufsbesprechungen und Mitarbeitertreffen zum Wochenbeginn sind in den USA weit verbreitet. Ich glaube aber,

dass dadurch Tatendrang und Begeisterung abgebremst werden. Legen Sie doch diese Treffen auf den Donnerstag oder Freitag! Und sprechen Sie darin die spezifischen Dinge an, die in der kommenden Woche erledigt werden sollen. Wenn dann am Montagmorgen die Mitarbeiter aus dem Wochenende kommen, können sie sich an die Schreibtische setzen und unverzüglich mit der Arbeit beginnen.

- **Weisen Sie die Arbeit für morgen bereits heute Nachmittag zu.** Was jemand morgen für Sie tun soll, sagen Sie ihm am besten heute am späten Nachmittag. Das gibt dem anderen die Zeit, den nächsten Arbeitstag zu planen, seinen Arbeitsfluss zu organisieren; es gibt ihm die Möglichkeit, darüber nachzudenken, was alles zu tun ist. Am nächsten Morgen braucht er nur noch anzufangen.

Den Tag in den Griff bekommen

Die meisten Leute verbringen täglich 8, 10 oder sogar 12 Stunden in der Arbeit. Doch die wenigsten gehen in dem Gefühl nach Hause, wirklich etwas geschafft, etwas erreicht zu haben. Zwar sind sie fleißig, zwar arbeiten sie hart – aber sind sie *wirklich* produktiv? Wie steht es mit ihren Resultaten?

Solche Leute haben ihren Arbeitstag nicht im Griff, sondern umgekehrt, der Arbeitstag hat sie im Griff. Wenn Sie in einer ähnlichen Situation sind und selbst wieder das Sagen haben wollen, können Sie von den folgenden vier Techniken Gebrauch machen:

Technik 1: Identifizieren Sie Ihre drei wichtigsten Aufgaben

Sie sollten sich angewöhnen, vor dem Nachhausegehen Ihre Masterliste durchzusehen und dabei die drei wichtigsten Angelegenheiten zu identifizieren, die Sie am nächsten Tag zum Abschluss bringen *müssen*. Notieren Sie diese als „3-Punkte-Plan“ auf einem Stück Papier, etwa wie folgt:

Die drei Punkte, die ich am [Datum einfügen] erledigen will

1. ______________________________
2. ______________________________
3. ______________________________

Was tun Sie mit Ihrem 3-Punkte-Plan?

1. Wenn Sie morgens zur Arbeit kommen, gehen Sie Punkt 1 an.
2. Haben Sie Punkt 1 abgeschlossen, beginnen Sie mit Punkt 2.
3. Haben Sie Punkt 2 abgeschlossen, beginnen Sie mit Punkt 3.
4. Haben Sie Punkt 3 abgeschlossen, werfen Sie einen erneuten Blick auf Ihre Masterliste und identifizieren die Aufgabe, die es als Nächstes zu erledigen gilt.
5. Vor dem Nachhausegehen stellen Sie einen neuen 3-Punkte-Plan auf.

Technik 2: Planen Sie Ihren Tag

Haben Sie sich am Ende des Tages schon einmal hingesetzt, um Revision zu halten? Also aufgelistet, was Sie im Lauf des Tages getan haben, und anhand dessen beurteilt, inwieweit Ihr Tag produktiv war?

Viele Leute machen es so. Leider erfahren sie auf diese Weise nur die halbe Wahrheit, nämlich, was sie tatsächlich geschafft haben. Es fehlt die zweite Hälfte: das, was sie sich für diesen Tag zu tun *vorgenommen* hatten.

Wenn wir unseren Acht-, Zehn- oder Zwölfstundentag im Nachhinein unter die Lupe nehmen, werden viele von uns ohne große Mühe feststellen, dass sie zwar sehr beschäftigt waren, aber im Endeffekt gar nicht zu den wichtigen Arbeiten, Aufgaben oder Projekten gekommen sind, die sie anzugehen geplant hatten. Mag sein, wir haben eine ganze Menge Dinge erledigt – aber nicht notwendigerweise die, die wir eigentlich hatten erledigen wollen. Oder, noch schlimmer, wir haben überhaupt nichts zu Wege gebracht.

Ein Stundenplan, wie Sie ihn auf Seite 128 abgebildet finden, ist ein einfaches Mittel, um herauszufinden, wie gut Sie Ihren Tag im Griff haben. So ein Stundenplan zeigt Ihnen ganz plastisch, wie Sie Ihren Arbeitstag verbringen; er liefert Ihnen die Antwort auf die häufig gestellte Frage: Wo um alles in der Welt ist dieser Tag bloß geblieben?

Zur Erstellung Ihres Stundenplans betrachten Sie am Abend Ihre Masterliste und gehen wie folgt vor:

1. Identifizieren Sie die wichtigste Aufgabe, die Sie am nächsten Tag bearbeiten müssen.
2. Entscheiden Sie, wann Sie mit der Bearbeitung dieser Aufgabe beginnen wollen, und machen Sie einen entsprechenden Eintrag in Ihrem Stundenplan (Spalte „Was ich zu tun plane"). Es sollte möglichst die erste Angelegenheit sein, mit der Sie sich nach der Ankunft im Büro befassen.
3. Überlegen Sie, wie viel Zeit Sie für die Erledigung dieser Aufgabe benötigen. Streichen Sie diesen Zeitraum in Ihrem Stundenplan aus.
4. Betrachten Sie erneut Ihre Masterliste und wählen Sie die zweitwichtigste Arbeit aus. Verfahren Sie damit wie unter Punkt 2 und 3 beschrieben.
5. Füllen Sie den ganzen Tag von Anfang bis Ende auf diese Weise.

Memo

- Die meisten Arbeiten dauern länger als erwartet; planen Sie also mehr Zeit ein, als Sie für nötig halten.
- Vergessen Sie nicht, auch Zeiten für Telefongespräche vorzusehen oder für Gespräche mit Kunden, Klienten und/oder Firmenangehörigen. Und denken Sie an einen Puffer für die Bewältigung unerwarteter Notfälle.

Wenn Sie im Büro ankommen, setzen Sie sich an Ihren Schreibtisch und machen sich an die Arbeit. Sobald Sie damit begonnen haben, wird irgendetwas Interessantes geschehen, das Telefon wird klingeln, jemand wird mit einer Frage auf Sie zustürmen, und Sie werden in einer Tour unterbrochen werden. Aber mit Hilfe des Stundenplans können Sie das Ruder in die Hand nehmen und durch folgende Maßnahmen selbst über Ihren Tag bestimmen:

1. Lassen Sie den Stundenplan immer oben auf Ihrem Schreibtisch liegen.
2. Tragen Sie im Lauf des Tages alles, was Sie erledigt haben, in die Spalte „erledigt" ein; vermerken Sie auch, wann Sie damit fertig waren (Uhrzeit).
   - Wenn das Telefon klingelt, notieren Sie Beginn und Ende des Gesprächs sowie den Namen Ihres Gesprächspartners.

- Wenn jemand mit einer Frage auf Sie zukommt, schreiben Sie dessen Namen auf und die Zeitspanne, die er von Ihrem Tag in Anspruch genommen hat.
- Wenn Sie sich mit einer Aufgabe aus Ihrer Masterliste befassen, notieren Sie, was Sie getan haben und wie lange Sie dafür brauchten (auch wenn es sich um etwas handelt, das in Ihrem Stundenplan nicht vorgesehen war).

Am Ende des Tages haben Sie ein vollständiges Protokoll über Ihre Tätigkeiten und den jeweils zugehörigen Zeitaufwand. Nun können Sie vergleichen. Was steht in der Spalte: „Was ich zu tun plane"? Was steht in der Spalte „erledigt?" Inwieweit decken sich beide Spalten?

Binnen eines Augenblicks werden Sie wissen, wer wen im Griff hatte – Sie Ihren Tag – oder Ihr Tag Sie. Verfahren Sie zwei Wochen lang Tag für Tag nach diesem Schema, und ich garantiere Ihnen:

- Sie werden ganze Stunden verschwendeter Zeit verwandeln in produktive, sinnvoll zugebrachte Zeit.
- Sie werden sich auf diejenigen Aufgaben konzentrieren, die am wichtigsten sind; Sie werden mehr Arbeiten, Aufgaben und Projekte abschließen können, als Sie je für möglich gehalten hätten.
- Sie werden Ihre Zeit damit verbringen, das zu tun, was *Sie* wollen – und nicht, was *andere* von Ihnen wollen.

Täglicher Stundenplan			
Was ich zu tun plane		**erledigt**	
8.00 Uhr		8.00 Uhr	
8.30 Uhr		8.30 Uhr	
9.00 Uhr		9.00 Uhr	
9.30 Uhr		9.30 Uhr	
10.00 Uhr		10.00 Uhr	
10.30 Uhr		10.30 Uhr	
11.00 Uhr		11.00 Uhr	
11.30 Uhr		11.30 Uhr	
12.00 Uhr		12.00 Uhr	
12.30 Uhr		12.30 Uhr	
13.00 Uhr		13.00 Uhr	
13.30 Uhr		13.30 Uhr	
14.00 Uhr		14.00 Uhr	
14.30 Uhr		14.30 Uhr	
15.00 Uhr		15.00 Uhr	
15.30 Uhr		15.30 Uhr	
16.00 Uhr		16.00 Uhr	
16.30 Uhr		16.30 Uhr	
17.00 Uhr		17.00 Uhr	
17.30 Uhr		17.30 Uhr	
18.00 Uhr		18.00 Uhr	
Wo ist der Tag geblieben?			

Technik 3: Wer stiehlt Ihnen die meiste Zeit?

Sie können ein Drittes tun, um die Kontrolle über Ihren Arbeitstag zurückzugewinnen, nämlich Tagebuch darüber führen, wer Ihnen die meiste Zeit stiehlt.

Die fünf Personen, die mir am [Datum einfügen] Zeit gestohlen haben

1. ______________________________
2. ______________________________
3. ______________________________
4. ______________________________
5. ______________________________

Wie viel Zeit kostet Sie jede der aufgelisteten Personen tagtäglich? Was läuft genau ab? Wie fühlen Sie sich, wenn Sie den Störenfried wieder los sind? Was können Sie dagegen tun?

Wenn Sie anderen erlauben, Ihnen die Zeit zu stehlen, werden Sie nie etwas zu Wege bringen. Sie werden gezwungen sein, früh zu kommen, lange zu bleiben, an den Wochenenden zu arbeiten; am Ende des Tages werden Sie müde und erschöpft sein, als hätte man Sie durch die Mangel gedreht. Sie verdienen etwas Besseres.

Technik 4: Führen Sie Buch über das, was Sie jeden Tag geschafft haben

In unserer heutigen schnelllebigen Zeit geschieht es allzu leicht, dass man abgelenkt wird und das Ziel aus den Augen verliert. Deshalb möchte ich Ihnen vorschlagen, dass Sie an jedem Abend kurz darüber nachdenken, was im Lauf des Tages alles geschehen ist, was Sie geschafft haben, was Sie gelernt haben. Notieren Sie dies in einem Tagebuch oder Notizbuch. Diese Aufzeichnungen werden Ihnen dabei helfen, Ihre Erfolgsrichtung beizubehalten und so weiterzuarbeiten, dass Sie eines Tages Ihre Ziele erreichen werden.

Die wesentlichsten Dinge, die ich am [Datum einfügen] geschafft habe

1. ______________________________
2. ______________________________
3. ______________________________
4. ______________________________
5. ______________________________

Was ich am [Datum einfügen] gelernt habe

1. ______________________________
2. ______________________________
3. ______________________________
4. ______________________________
5. ______________________________

Memo

Wenn Sie sich die Zeit nehmen und abends Revue passieren lassen, was Sie getan und geschafft haben, dann setzen Sie dies bitte in Relation zu dem, was Sie ursprünglich zu erreichen beabsichtigt hatten.

Vielleicht wollen Sie auch die folgenden zusätzlichen Punkte bedenken und kontinuierlich protokollieren:

- Was habe ich richtig gemacht?
- Wobei habe ich ein gutes Gefühl?
- Was hätte ich besser machen können?

Schritt 5
Erfolgreiche Leute bauen Beziehungen zu den *richtigen* Leuten auf

Sie werden in Ihrem Leben zwei Herausforderungen begegnen. Die erste besteht darin, diejenigen Leute aufzuspüren, mit denen Sie langfristige Beziehungen eingehen wollen. Diese Beziehungen zu pflegen, damit sie wachsen und blühen – das ist die zweite Herausforderung.

Wer im Lebens-„Business" erfolgreich sein will, muss Beziehungen aufbauen und aufrechterhalten; dies ist einer der Schlüssel zum Erfolg. Verwenden Sie Ihre Zeit und Energie auf die *richtigen* Leute. Das sind die Leute, von denen Sie Hilfe, Unterstützung und Ermutigung erfahren. Leute, in deren Gesellschaft Sie sich wohl fühlen und deren Freundschaft Ihnen Freude bereitet. Leute, die Ihren Erfolg wünschen. Leute, die Ihnen helfen werden, Ihre Ziele zu erreichen und Ihre Träume zu verwirklichen. Mit einem Wort: Ihre Freunde.

Jeden Tag begegnen Ihnen neue Leute, mit denen Sie zum Teil auch ins Gespräch kommen. Zum Beispiel haben Sie Unterredungen mit Kollegen und Mitarbeitern, Kunden und Klienten, Lieferanten und vielen anderen. In jedem solchen Gespräch und jeder Person steckt die Chance auf eine neue Freundschaft. In dem Maß, wie Sie den anderen besser kennen lernen, sollten Sie auch zunehmend darauf achten, in welcher Weise Sie einander weiterhelfen könnten.

Memo

- Konzentrieren Sie sich darauf, zwischenmenschliche Beziehungen zu entwickeln, zu fördern und zu verbessern. Betrachten Sie sich und den anderen als Mitglieder desselben Teams. Es wird leichter, Probleme zu lösen, ein gemeinsames Ziel zu erreichen oder zu Ergebnissen zu gelangen, wenn man im Team zusammenarbeitet.
- Die wesentlichste Komponente, die Sie in eine Beziehung einbringen, ist nicht, was Sie sagen oder tun, sondern was bzw. wer Sie sind.

Beispiel

Bill Clinton begann während seiner College-Zeit, über all seine Kontakte Buch zu führen. Er legte sich Karteikarten an, notierte darauf die Namen und rief die Leute von Zeit zu Zeit an oder schrieb ihnen einen Brief. Dabei vermerkte er auf den Karteikarten, wann er telefoniert bzw. geschrieben hatte und welche Antwort er bekommen hatte. Jahre später, als er sich um das Amt des Gouverneurs von Arkansas bewarb, war der Umfang seiner Kartei auf über 10.000 Personen angewachsen. Diese Personengruppe wurde als „Friends of Bill“ bekannt (Freunde von Bill).

Während Sie durchs Leben gehen, sollten Sie darauf hinarbeiten, Ihren Freundeskreis netzartig zu erweitern: Betreiben Sie Networking.

Networking: Die Kunst, Freunde zu gewinnen

Bestimmt haben Sie bereits x-mal gehört, wie wichtig Networking ist. Aber – was müssen Sie sich eigentlich genau darunter vorstellen?

- Networking heißt: Nach solchen Leuten suchen, mit denen Sie eine Beziehung aufbauen können.
- Networking heißt: Bekanntschaften schließen und Beziehungen knüpfen.

- Networking heißt: Solche Leute finden, die Ihnen weiterhelfen können (und denen Sie weiterhelfen können).
- Networking heißt: Lernen, an wen Sie sich mit einem Problem oder einer Aufgabenstellung wenden können.

Beispiel

Eines Tages begann ich während eines Rückflugs von Los Angeles ein Gespräch mit meiner Sitznachbarin. Während wir so redeten, erfuhr ich, dass sie als Anwältin in Chicago tätig gewesen war; mittlerweile hatte sie jedoch genug von Paragraphen und war nach Los Angeles umgezogen. Heute ist sie Produzentin eines sehr populären Fernsehprogramms. Als die Maschine landete, tauschten wir unsere Visitenkarten aus; ich bat sie auch um ihre private Adresse und Telefonnummer. Zu Hause gab ich ihre Daten in den PC ein (Sie erinnern sich: mein Kontaktmanagement-Programm *ACT!*) und notierte auch unsere wesentlichsten Gesprächspunkte (ebenfalls in *ACT!*). Einige Monate später sollte an der Schule meiner Tochter eine Wohltätigkeitsveranstaltung stattfinden. Ich rief die Frau an, die ich im Flugzeug kennen gelernt hatte, und bat um ein Drehbuch, das von der gesamten Besetzung ihrer Show signiert war. Wir erhielten dieses Drehbuch und konnten es für mehrere tausend US $ versteigern. Sie wissen nie, auf wen Sie im Flugzeug treffen werden.

Sorgen Sie dafür, dass Sie mit vielen Leuten zusammenkommen

Networking kann nur dann funktionieren, wenn Sie Gelegenheit haben, mit vielen Leuten zusammenzukommen. Dies ist der erste Schritt. Im zweiten Schritt müssen Sie ein System entwickeln, um mit jedem, den Sie kennen, in regelmäßiger Verbindung zu bleiben.

Jeder von uns trifft täglich auf viele Leute:

- Wir nehmen an Geschäftsbesprechungen teil.
- Wir besuchen geschäftliche Konferenzen und Seminare.
- Wir besuchen Messen und Ausstellungen.
- Wir sind im Zug, im Bus, im Flugzeug unterwegs.
- Wir machen Urlaub.
- Wir stehen Schlange beim Einkaufen, im Selbstbedienungsrestaurant, an der Kinokasse, an der Bushaltestelle.

- Unsere Kinder sind in irgendwelchen schulischen und außerschulischen Funktionen und Aktivitäten engagiert.

Immer wieder begegnen wir jemandem, den wir gerne näher kennen lernen möchten. Auch wenn uns vielleicht nicht klar ist, ob und wie man sich in Zukunft gegenseitig weiterhelfen kann, spüren wir doch aus einem uns unbekannten Grund eine gewisse Sympathie. Irgendwie stimmt die Chemie – Grund genug, dranzubleiben, um zu sehen, wie sich das Verhältnis weiterentwickelt.

Aber wie gehen die meisten von uns mit solch einer Chance um? Wir lassen sie uns durch die Lappen gehen. Und warum? Weil wir kein System haben, um daraus Kapital zu schlagen.

Deshalb gestatten Sie mir eine Frage: Wie läuft bei Ihnen die Begegnung mit einem Fremden ab? Denken Sie immer daran, Ihre Visitenkarten auszutauschen? Wenn jemand keine Karte bei sich hat – nehmen Sie sich die Zeit, Name, Adresse und Telefonnummer auf die Rückseite einer Ihrer eigenen Karten zu notieren? Und was tun Sie mit der Visitenkarte, wenn Sie ins Büro zurückkommen?

- Bleibt sie auf ewig in Ihrer Brieftasche, Ihrer Geldbörse oder Ihrer Aktentasche?
- Versenken Sie sie in der Krimskrams-Lade Ihres Schreibtisches, wo sie niemals wieder das Tageslicht sehen wird?
- Legen Sie eine Karte in Ihrer Rotationskartei an oder nehmen Sie die Person in Ihr Adressbuch auf – um sich dann nie wieder zu melden?

Im Endeffekt läuft alles auf dasselbe hinaus: Der Kontakt reißt ab.

Memo

Je mehr Leute Sie kennen, desto besser sind Ihre Beziehungen.

Ein guter erster Eindruck ist das A und O

Für den ersten Eindruck gibt es keine zweite Chance. Sorgen Sie also dafür, dass Sie bei der ersten Begegnung das Gefühl hinterlassen: Das ist jemand, den ich gerne näher kennen lernen möchte. Im Folgenden einige Tipps:

- Wenden Sie sich dem anderen bei der Begrüßung erwartungsvoll und freudig zu.
- Lassen Sie Ihr Gesicht in einem warmen Lächeln aufstrahlen.
- Der Ton, in dem Sie „Guten Tag" sagen, muss Ihrem Gegenüber vermitteln: Ich freue mich über die Begegnung mit Ihnen.
- Ihr Handschlag sollte kräftig und fest sein.

Memo

- Der Gesichtsausdruck ist weitaus entscheidender als die Garderobe.
- Sie werden mehr Interesse ernten, wenn Sie selbst Interesse an Ihrem Gegenüber signalisieren. Geben Sie sich Mühe. Machen Sie sich Umstände für den anderen. Investieren Sie Zeit, Energie und Gedanken, um uneigennützig etwas für den anderen zu tun.

Erfolgstipp

Es gibt ein sehr gutes Buch über Networking von Susan Roane: „Natürlich zum Erfolg" (mvg-verlag).

Sie können nicht mit jedem gut Freund sein

Als ich am Anfang meiner beruflichen Karriere stand, machte man mich glauben, dass ich mich mit jedem anfreunden sollte, mit dem ich in der einen oder anderen Weise zu tun hatte. Doch in der Praxis – zumindest in der Welt, in der ich lebte – funktionierte das nicht. Nicht mit jedem verstand ich mich gut, und andere wiederum verstanden sich mit mir nicht gut. So gab ich es auf, mit *jedem* gut Freund sein zu wollen.

Stattdessen konzentrierte ich mich auf diejenigen Freundschaften, die mir die vielversprechendsten schienen, und arbeitete daran, sie zu fördern und zu pflegen. Einige davon sind zu dauerhaften Beziehungen geworden, die mittlerweile bereits Jahre oder gar Jahrzehnte bestehen; andere waren kurzlebiger Natur.

Inzwischen verfüge ich – und das ist das Schöne an der von mir praktizierten Methode – über eine lange Liste von Leuten, die ich mag und die mich mögen. Und ich arbeite Tag für Tag daran, diese Liste zu verlängern.

Memo

Beziehungen sind im Geschäftsleben das Wichtigste von allem: Es kommt darauf an, wen Sie kennen, wie gut Sie ihn kennen und wie schnell Sie ihn ans Telefon bekommen können!

Networking auf Papier

In den guten alten Zeiten, als der PC noch nicht die Bürowelt erobert hatte, stellte die Rotationskartei den Schlüssel zu effektivem Networking dar. Die Rotationskartei, das Adressbuch (auch bekannt als das kleine schwarze Buch) oder die Sammlung von Visitenkarten. Man glaubte, das Geheimnis des Erfolgs bestehe darin, die Rotationskartei bzw. das Adressbuch mit Namen und Informationen über irgendwelche Leute zu füllen.

- Je größer, desto besser.
- Je dicker, desto besser.
- Je schwerer, desto besser.

Quantität war wichtiger als Qualität. Aber in Wirklichkeit funktionierten diese Systeme nicht.

Schwergewichtige Rotationskarteien sind unpraktisch

Mehrere Rotationskarteien auf dem Schreibtisch stehen zu haben galt früher als Statussymbol. Rotationskarteien verhalfen ihrem Besitzer zu einem Image von Macht. Sie vermittelten die Botschaft: „Ich bin wichtig. Ich kenne eine Menge Leute."

Es stimmt: So eine Rotationskartei platzte zuweilen schier aus den Nähten – mit Hunderten oder Tausenden von Namen. Aber wie viele der erfassten Personen wurden tatsächlich regelmäßig kontaktiert? Doch nicht mehr als eine Hand voll. Der Rest wurde vergessen, die Namen waren im Grunde genommen nutzlos; denn es fehlte an einer systematischen Kontaktpflege.

Jeder, der viel mit Leuten zusammenkommt und Visitenkarten sammelt, wird die gleiche Erfahrung machen: Binnen kürzester Zeit ist die Rotationskartei bis zum Bersten gefüllt. Was nun? Man kauft eine zweite, eine dritte … und verliert noch mehr den Überblick.

Die Erweiterung der Kartei ist mühsam

Neue Karteikarten einzufügen ist nicht ganz einfach. Es ist ein mühsamer und zeitraubender Prozess. Wenn Ihnen jemand seine Geschäftskarte gibt, müssen Sie entweder

- die darauf befindliche Information auf die Karteikarte abtippen oder
- die darauf befindliche Information von Hand auf die Karteikarte abschreiben oder
- die Visitenkarte auf die Karteikarte knipsen.

Beispiel

In vielen Büros bringen Sekretärinnen und Verwaltungsangestellte Stunden kostbarer Zeit damit zu, Karten für die Rotationskartei zu tippen. Sie sind *emsig* wie die Bienen und dabei völlig *unproduktiv*. Und dann wundern sie sich, dass sie nie etwas Wichtiges zu Wege bringen.

Abgesehen davon: Wie viel Information lässt sich tatsächlich auf so einer Karte unterbringen, die gerade mal 83 x 44 mm oder 102 x 57 mm groß ist? Sie bietet Platz für Geschäftsanschrift, Telefon- und Faxnummern sowie E-Mail-Adressen. Aber was ist mit Privatanschrift und privater Telefonnummer? Mit der privaten Faxnummer? Mit der Nummer des Autotelefons? Und wo notieren Sie die Namen des Ehepartners und der Kinder?

Was können Sie also mit der Information auf solch einer Karteikarte anfangen? Nichts! Angenommen, Sie schreiben einen Brief oder adressieren einen Umschlag – wie bekommen Sie die Information aufs Papier? Sie tippen, nicht wahr? Und Tippen kostet Zeit. Verschwendete Zeit.

Finden Sie mal jemanden!

Haben Sie erst einmal dieses voluminöse Karteisystem erstellt, fragt sich, wie Sie die wichtigen Leute in Ihrem Leben darin wieder finden können. Die meisten von uns tun sich da schwer. Haben wir die Person unter dem Vornamen abgelegt? Unter dem Nachnamen? Oder war es der Firmenname? Wer kann sich erinnern?

Und um alles noch komplizierter zu machen, werden die Karten nie und nirgends konsequent geführt: Auf einigen Karten steht zuoberst der Firmenname; bei anderen Karten ist es der Vorname der betreffenden

Person; bei wieder anderen Karten steht vielleicht der Familienname an erster Stelle. Einige Karten sind vermutlich getippt, andere von Hand geschrieben, und dann gibt es sicher auch welche, bei denen einfach eine Visitenkarte auf die Karteikarte geknipst wurde. – Muss ich noch eigens betonen, dass es nicht leicht ist, jemanden in einer Rotationskartei aufzuspüren?

Aber nicht genug. Angenommen, Sie gehen auf Geschäftsreise. Wie stellen Sie es an, Ihre Rotationskartei auf sämtliche Leute zu durchsuchen, die Sie in Los Angeles kennen? Oder in New York, Chicago oder an einem beliebigen anderen Ort?

Und was ist, wenn Sie eine bestimmte Werbekampagne planen? Wie kommen Sie an diejenigen Leute in Ihrer Kartei, die an Ihrem Produkt interessiert sind?

Sehr schnell hat sich die Rotationskartei zu einem Alptraum ausgewachsen, weil sie sich nicht gut handhaben lässt. Zwar kann sie Hunderte oder gar Tausende von Namen aufnehmen – aber es dauert ewig, diese Namen wiederzufinden.

Was passiert bei einem Jobwechsel?

Weitere Probleme entstehen dann, wenn jemand den Tätigkeitsbereich wechselt. Wie bringen Sie die Karteikarte auf den neuesten Stand? In den meisten Fällen wird die alte Information ausradiert und die neue darüber geschmiert. Dann ist die Karte zwar up to date, aber mit einiger Wahrscheinlichkeit unleserlich.

Und wenn jemand die Firma verlässt, radieren wir den Namen von der Karte und schreiben den Namen des Nachfolgers darüber. Buchstäblich ausradiert ist dann die Person, die weggeht, weil wir uns meist nicht der Mühe unterziehen, den Kontakt zu wahren und die neue Anschrift festzuhalten.

Erfolgstipp

Bleiben Sie in Verbindung mit jemandem, der gerade die Firma verlassen hat. Es ist ziemlich wahrscheinlich, dass er bei der Konkurrenz die gleiche oder eine höhere Position erhalten hat. Über ihn können Sie Ihr Netzwerk von Kontakten ausweiten. So funktioniert Networking.

Auch Adressbücher sind nicht das Gelbe vom Ei

Informationen, die in Adressbüchern festgehalten werden, sind Ihnen nicht die Spur nützlicher als die Informationen in einer Rotationskartei. Für jeden Eintrag haben Sie nur eine begrenzte Zahl von Zeilen zur Verfügung, auf denen Sie Namen, Adresse und Telefonnummer notieren können. Auch lässt sich nur eine begrenzte Zahl von Einträgen je Seite unterbringen; wenn Sie sämtliche Zeilen voll geschrieben haben, ist kein weiterer Eintrag mehr möglich.

Hinzu kommt, dass neue Namen nicht alphabetisch einsortiert werden können; sondern für jeden Anfangsbuchstaben erscheinen die Namen in der Reihenfolge, wie sie nacheinander eingetragen wurden. So könnte es durchaus sein, dass auf der Seite „A“ der erste Name „Azenberg“ lautet und der letzte „Aaron“.

Außerdem: Womit schreiben Sie in so ein Adressbuch? Bleistift-Einträge verschmieren und werden in kürzester Zeit unleserlich; verwendet man einen Kugelschreiber oder Füller, kann man das Geschriebene nicht radieren. Ganz abgesehen davon: All diese Einträge von Hand zu schreiben kann eine zeitraubende und arbeitsintensive Aufgabe darstellen.

Beispiele

- Einer meiner Kunden benutzte gut 10 Jahre lang ein und dasselbe Adressbuch. Nachdem er sämtliche Zeilen auf jeder Seite voll geschrieben hatte, begann er, zusätzliche Einträge ringsum an den Rand zu kritzeln. Als er mir dieses Buch zeigte, waren zahlreiche Adressen nicht mehr zu entziffern; die meisten Seiten waren zerfleddert vom häufigen Gebrauch; das ganze Buch pichte vor Kaffeeflecken. Für mein Dafürhalten kann dies nicht die optimale Methode sein, wie man mit den wichtigen Leuten im Leben in Verbindung bleibt.
- Eines Tages waren meine Frau Mitzi und ich mit unserer Tochter DeLaine in einem Park unterwegs. Während DeLaine spielte, beobachtete ich eine Frau auf der Nachbarbank. Da saß sie und schrieb fein säuberlich sämtliche Namen und Adressen von einem alten Adressbuch in ein neues. Ich nehme an, sie hätte ihre Zeit durchaus produktiver verbringen können.

Visitenkarten-Ringbücher sind nichts als bloße Container

Schließlich kann man auch versuchen – das wäre nun die dritte Möglichkeit –, Visitenkarten mit Hilfe von speziellen Visitenkarten-Ringbüchern zu organisieren. Das sind Ringmappen mit vorgestanzten Plastikhüllen, in die man Visitenkarten einstecken kann. Mag sein, dieses Verfahren ist immer noch besser, als die Karten einfach in der Krimskrams-Lade des Schreibtisches zu versenken. Aber Sie können die Information auf diese Weise lediglich verstauen, nicht jedoch ordnen. Meiner Ansicht nach ebenfalls ein unzulängliches System.

Fazit

Vorsichtig ausgedrückt: Systeme, die auf Papier basieren, lassen immer zu wünschen übrig. Die gesuchten Namen, Adressen oder Telefonnummern sind nur mit Mühe auffindbar. Auf den Karten oder im Adressbuch steht nur begrenzter Raum für Eintragungen zur Verfügung. Und weil die Information auf Papier festgehalten ist, muss sie bei Bedarf – zum Beispiel wenn Sie einen Brief versenden wollen – wieder abgeschrieben werden. Eine enorme Zeitverschwendung.

Ihnen ist viel besser gedient, wenn Sie Ihre Rotationskartei und/oder Ihr Adressbuch in den Computer verlagern. Und genau davon handelt der nächste Abschnitt.

Ab in den Computer mit Ihrem Adressbuch!

Ich glaube nicht an ein effektives Networking, solange die Informationen auf Papier festgehalten werden – sei es in einer Rotationskartei, einem Adressbuch oder einer Visitenkarten-Ringmappe. Man stößt einfach in zu vieler Hinsicht auf Grenzen: Beispielsweise lassen sich Namen nicht schnell genug auffinden. Der Raum reicht nicht aus, um auch die Nummern von Fax, Handy, Autotelefon oder E-Mail unterzubringen; das Gleiche gilt für Internet- und sonstige Adressen. Und vor allem: Es fehlt der Platz für informative Notizen über die betreffenden Personen.

Es war einmal …

Als ich Anfang der 70er Jahre ins Berufsleben eintrat, wies man mich an, mir über jeden Gesprächspartner detaillierte Informationen zu notieren: die korrekte Schreibweise des Namens, die vollständige Postanschrift, die Telefonnummer(n) und vieles mehr.

Zusätzlich legte ich mir auf einem Blatt Papier Gesprächsnotizen über jedes Telefonat und jede persönliche Begegnung an; und ich führte Protokoll über jedes Schreiben, das ich an jemanden verschickte oder von jemandem erhielt. Ich bezeichnete diese Aufzeichnungen als meine „Fallgeschichten" und legte sie im Aktendeckel der jeweiligen Person ab.

Auf diese Weise war ich nicht länger ausschließlich auf mein Gedächtnis angewiesen. Wenn ich mit jemandem sprach, legte ich mir immer dessen Akte heraus. In nur wenigen Augenblicken hatte ich die Fallgeschichte rekapituliert (mir lagen ja komplette Aufzeichnungen vor von allem, was sich zwischen uns abgespielt hatte), und schon konnte ich Klartext reden.

War ich im Gespräch mit jemandem, den ich noch nicht kannte, bereitete mein Mitarbeiter einen neuen Aktendeckel vor mit einem fein säuberlich getippten Namensetikett. Die Fallgeschichte sowie alle sonstigen Papiere, Dokumente oder Aufzeichnungen wurden in diesem Aktendeckel verstaut und dann in der Aktenschublade abgelegt.

Somit hatte ich ein sehr ausgetüfteltes System entwickelt, mit dessen Hilfe ich mich über das, was alles erledigt werden musste, auf dem Laufenden halten konnte. Dieses auf Papier basierende System verschaffte mir ein hohes Maß an Kontrolle, und ich hatte immer jede Menge Information zur Hand. (Es gab einmal eine Zeit, als dieses System fast 10 Schubladen in Anspruch nahm und mehrere Tausend Aktendeckel umfasste!)

Der Nachteil war, dass ich jeden Morgen kiloweise Papier aus den Schubladen herausnehmen und abends wieder korrekt ablegen musste.

Zwar funktionierte das System als solches, aber es war mühsam, zeitaufwendig und kostspielig. Und es konnte nur unter hohem Arbeitsaufwand aufrechterhalten werden.

Und dann entdeckte ich *ACT!*. Mein Leben veränderte sich. Denn *ACT!* funktionierte in gleicher Weise wie ich selbst. Ich profitierte in mehrfacher Weise davon:

- *ACT!* ermöglichte mir, sämtliche Informationen, die ich so penibel in meinen Aktendeckeln aufbewahrt hatte, im Computer abzulegen.
- *ACT!* löste mein Platzproblem: Endlich wusste ich, wohin mit all den Namen, Adressen und Telefonnummern sämtlicher Leute, die in meinem Geschäfts- oder Privatleben eine Rolle spielen.
- *ACT!* eröffnete mir die Möglichkeit, mir am Computer einen Überblick über meine täglichen Aktivitäten – Telefonate, Bespre-

chungen, anstehende Aufgaben – zu verschaffen; elektronisch anstatt manuell.
- *ACT!* stellte mir den notwendigen Platz für detaillierte Notizen über jede Besprechung und jedes Telefongespräch zur Verfügung.

Nachdem ich einmal mit *ACT!* zu arbeiten begonnen hatte, sagte ich meinen Aktendeckeln leichten Herzens Lebewohl. Ich verabschiedete mich von meinen Rotationskarteien; Adressbuch und gesammelte Visitenkarten gingen den Weg alles Irdischen.

Als Networking-Instrument ist *ACT!* das Nonplusultra schlechthin

Es ist meine persönliche Überzeugung, dass jeder mit *ACT!* arbeiten sollte. *ACT!* ist einfach in der Handhabung und spart enorm viel Zeit. Ein Großteil der Arbeiten, die Sie jetzt manuell mit Bleistift und Papier erledigen, lassen sich mit *ACT!* automatisieren. Das hilft Ihnen, Zeit zu sparen und bei geringerem Kraftaufwand mehr Dinge zu erledigen. Ihre Produktivität steigt. Sie verdienen mehr Geld. (Falls Sie sich dessen nicht mehr gewärtig sind: In Kapitel 3 habe ich beschrieben, wie Sie mit Hilfe von *ACT!* Ihr „Follow-up"-System automatisieren. Sollten Sie diesen Abschnitt übersprungen haben, nehmen Sie sich jetzt bitte einige Minuten Zeit, um dort nachzulesen.) Lassen Sie sich ein paar Dinge nennen, die *ACT!* für Sie tun kann:

Ein elektronisches Namens- und Adressverzeichnis

Alles im Leben hat mit Menschen zu tun. Und durch *ACT!* gelingt es Ihnen, mit Tausenden von Leuten in Kontakt zu bleiben – auf einfache und bequeme Weise. Außerdem bietet es Ihnen Speicherplatz für beliebig viel Information über die wichtigen Leute in Ihrem Leben.

Sie beginnen damit, dass Sie die Privat- und Geschäftsadresse einer Person eingeben, dazu die Telefon- und Faxnummern sowie E-Mail- und Internet-Adressen. Wenn Sie wollen, können Sie diese Daten durch Informationen zur Person oder zur Familie ergänzen. Das wären beispielsweise die Namen des Partners und der Kinder, Geburtsdaten und Hochzeitstage, Vorlieben und Hobbys etc. *ACT!* ist so flexibel aufgebaut, dass Sie fast alles speichern können, was für Sie von Interesse ist.

Mit *ACT!* können Sie sich auch über spezifische geschäftliche Informationen auf dem Laufenden halten. Ich denke dabei an

- das Datum Ihres letzten Geschäftsabschlusses,
- die Höhe Ihres letzten Geschäftsabschlusses,
- Produkte oder Dienstleistungen, die für die jeweilige Person möglicherweise von Interesse sein könnten,
- Daten zum Vertragsablauf,
- momentane Zulieferer und/oder Verkäufer.

Mit solchen Informationen können Sie die wichtigen Personen in Ihrem Leben besser kennen lernen und im Lauf der Zeit ihre Freundschaft gewinnen. Das *ACT!-Contact*-Anwendungsfenster ist in Abbildung 5.1 dargestellt.

Personen auffinden? – Mit *ACT!* kein Problem

Sobald Sie die Daten einer Person in Ihre *ACT!*-Datenbank eingegeben haben, können Sie diese problemlos wieder finden. Jeder beliebige Eintrag kann anhand verschiedener Kriterien lokalisiert werden: Vorname, Familienname, Firmenname, Wohnort, Postleitzahl, Bundesland – oder so gut wie jedes andere Suchkriterium, das Ihnen in den Sinn kommt. Sie können die Leute bestimmten Kategorien zuordnen – wie z.B. Kunde, Klient, Anwalt, Banker, Steuerberater, Freund, Familie (oder anderen Gruppierungen, die für Ihre spezielle Geschäftssituation sinnvoll wären) – und sich – ruck, zuck – die Personen innerhalb jeder einzelnen Kategorie aufzeigen lassen.

Beispiele

- Ich wickle meine gesamte Werbung über *ACT!* ab und führe auch meine eigene PR-Firma über *ACT!*. Im Lauf der Jahre bin ich Hunderte Male interviewt worden – von Magazinen, Zeitungen, Funk und Fernsehen. Nach jedem Gespräch gab ich die Daten des Reporters bzw. Talkmasters in meine *ACT!*-Datenbank ein. Heute umfasst meine Liste mit Medienkontakten über 2000 Personen. Es kostet mich lediglich einige Mausklicks, und schon habe ich eine Aufstellung darüber, wer für ein Magazin in New York City arbeitet oder für eine Zeitung in Los Angeles. Versuchen Sie das mal mit einer Rotationskartei!
- Eines Tages wollte ich einen bestimmten Zeitungsreporter aus Dallas ausfindig machen. Ich konnte mich jedoch nicht an seinen Namen erinnern. Also ließ ich den Computer in Dallas nach ihm suchen; Resultat: null. Daraufhin versuchte ich es mit Texas, und siehe da, hier fand ich ihn: in Fort Worth.

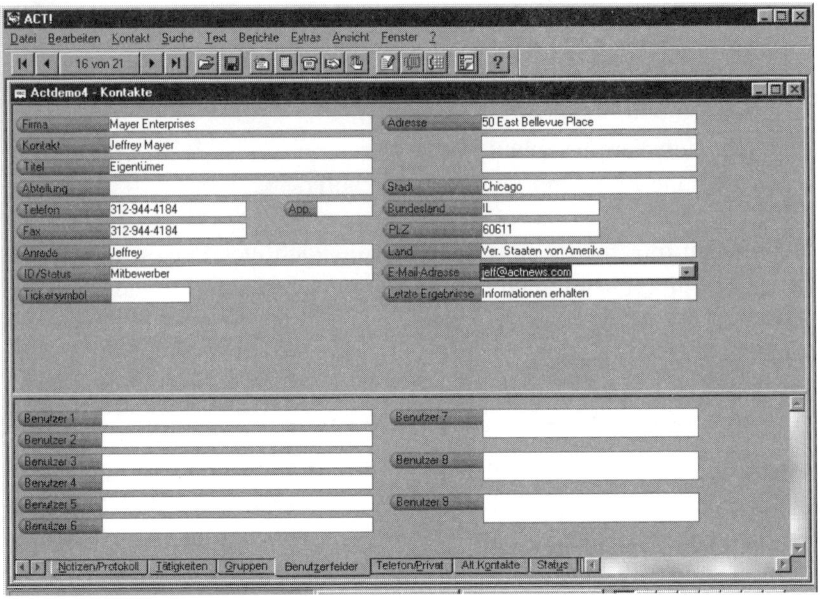

Abb. 5.1: Das *Kontakte*-Anwendungsfenster

Erfolgstipp

Wenn Sie sich wieder auf Geschäftsreise begeben, sollten Sie sich die Namen sämtlicher Leute aus Ihrer *ACT!*-Datenbank heraussuchen lassen, die Sie in der betreffenden Stadt kennen. Dann sind Sie gerüstet, um die verschiedensten Verabredungen zu treffen und Ihre Zeit besser zu nützen. Übrigens können Sie *ACT!* auch dazu verwenden, die Namen Ihrer Lieblingsrestaurants und -hotels zu speichern.

Ein eigenes Notizbuch für jeden Einzelnen

Man hat mich gelehrt, mir von allen Begebenheiten Notizen zu machen, von jeder Besprechung und jedem Telefongespräch. Mit *ACT!* Ist dies ein Kinderspiel, denn in *ACT!* gibt es für jeden Kontakt ein eigenes Notizbuch.

Erfolgstipp

Öffnen Sie nach jeder Unterredung mit irgendjemandem dessen *ACT!*-Notizbuch und fassen Sie die Gesprächsinhalte kurz zusammen.

Haben Sie sich erst einmal angewöhnt, sich über alle Vorgänge Notizen zu machen, werden Sie feststellen, dass sich Ihre Produktivität geradezu dramatisch steigert. Sie haben reichlich Information zur Hand, Sie werden nicht mehr genötigt sein, irgendwelche Fakten auf irgendwelche winzigen Zettel zu kritzeln – oder gar sie dem Gedächtnis zu überlassen.

Erfolgstipps

- Je mehr Sie aufschreiben, desto weniger müssen Sie sich merken und desto mehr Kontrolle haben Sie über Ihren Tag.
- Halten Sie Ausschau nach Leuten, die Ja sagen. Das Notizbuch ist ein großartiges Mittel, um herauszufinden, in welche Richtung sich eine Beziehung entwickelt. Machen Sie sich detaillierte Notizen und Sie können daran feststellen, wie oft Sie mit jemandem gesprochen haben, der angeblich mit Ihnen ins Geschäft kommen wollte, aber nie einen Auftrag an Sie vergeben hat; oder wie oft Sie eine Nachricht hinterlassen haben, ohne je Antwort zu erhalten. Im Lauf der Zeit werden Sie eine lange Liste haben mit Gründen und Entschuldigungen, weshalb diese Leute nicht Ja sagen konnten. Trennen Sie sich von dieser Sorte Leute und bemühen Sie sich um Kontakte mit besseren Erfolgsaussichten.
- Wenn Sie sich mit jemandem unterhalten und Ihnen dabei interessante persönliche Informationen zufallen – ab damit in den Computer. Dass beispielsweise jemand Urlaub nimmt, um Geburtstag oder Hochzeitstag zu feiern; dass ein Familienmitglied krank geworden ist etc. Beim nächsten Gespräch können Sie sich nach dem Urlaub erkundigen oder ob es dem Kranken inzwischen besser gehe. Auch wenn jemand den Namen eines anderen Firmenangehörigen erwähnt, sollten Sie diesen in Ihrer Datenbank notieren. Zu einem späteren Zeitpunkt können Sie darum bitten, dem Kollegen vorgestellt zu werden.

Beispiel

Eines Tages erhielt ich einen Anruf. Die Mitarbeiterin meiner Kundin Sally teilte mir mit, dass Sally leider unsere Verabredung absagen müsse, weil ihre Tochter krank geworden sei. Als wir die Verabredung wenige Wochen später nachholten, fragte ich Sally zuallererst, wie es ihrer Tochter Cheryl gehe. Sally war völlig überrascht, dass ich von den Gesundheitsproblemen ihrer Tochter wusste; sie war hocherfreut über meine Nachfrage. Übrigens: Den Auftrag habe ich bekommen.

ACT! erleichtert die Kommunikation

Aus meiner Sicht sind auf Papier geschriebene Namen, Adressen und Telefonnummern nutzlos. Was können Sie schon damit anfangen! Geben Sie die Daten jedoch in *ACT!* ein, sind sie Gold wert. Ich möchte Ihnen einige der Dinge auflisten, die Sie von *ACT!* aus bequem und problemlos erledigen können. Wenn Sie diese Vorschläge in die Tat umsetzen, werden Sie viel Zeit sparen und Sie werden viel effizienter und effektiver arbeiten.

- **Korrespondenz:** Wenn Sie einen Brief schreiben müssen, genügt ein Klick auf das Brief-Symbol, und *ACT!* fügt automatisch Namen und Adresse des Empfängers in einen Musterbrief des Schreibprogramms Ihrer Wahl ein (Word, Word Perfect oder das *ACT!*-interne Schreibprogramm). Die Zeiten, als Sie diese Daten explizit eintippen mussten, sind vorbei.

Erfolgstipps

- Legen Sie für Briefe mit wiederkehrendem Inhalt Musterbriefe an. So sparen Sie Zeit, so arbeiten Sie viel produktiver.
- Wenn Sie viel Korrespondenz haben, sollten Sie sich unbedingt ein entsprechendes Softwareprogramm anschaffen, das für Sie Briefumschläge oder Etiketten bedruckt.

- **Serienbriefe erstellen:** Waren Sie schon einmal in der Situation, dass Sie einen Formbrief an eine Gruppe von Leuten verschicken mussten? Mit *ACT!* ist das kein Problem. Sie wählen einfach die Personen aus, die den Brief erhalten sollen; dann wählen Sie den Formbrief aus, den Sie verwenden wollen – und den Rest erledigt *ACT!* für Sie. Dabei können die Briefe ausgedruckt, gefaxt oder auch als E-Mail verschickt werden. Ohne großes Aufsehen und ohne jedes Chaos.
- **Faxe verschicken:** Wenn Ihr Brief fertig formuliert ist, können Sie ihn als Fax versenden, ohne ihn jemals auf Papier ausgedruckt zu haben. *ACT!* ist mit WinFax PRO, der führenden Fax-Software auf dem Markt, zu 100 Prozent kompatibel. Nähere Informationen über WinFax PRO finden Sie im Internet unter www.symantec.com/winfax.
- **E-Mails senden und empfangen:** Innerhalb von *ACT!* können Sie all Ihre E-Mails versenden bzw. empfangen. Der besondere Clou: Bei einer versandten Mail wird das, was Sie als Thema im Feld „Subject“ vermerkt haben, automatisch in die Fallgeschichte des Empfängers kopiert. Damit verfügen Sie dort über vollständige Aufzeichnungen von allen E-Mails, die Sie der betreffenden Person gesandt haben.
- **Telefonnummern parat haben:** Klicken Sie auf das Telefonsymbol, und schon erscheint eine Liste sämtlicher Telefon- und Faxnummern der angewählten Person. Sofern Ihr Computer und Ihr Telefon über

dieselbe Leitung laufen, wählt *ACT!* die gewünschte Nummer für Sie. Ahnen Sie, wie viel Zeit Sie dadurch sparen?

- **Schriftstücke den jeweiligen Personen zuordnen:** Sie können jede Datei – Briefe, Dokumente, Faxe, E-Mails, Präsentationen, Tabellenkalkulationen, eingescannte Bilder etc. – den Aufzeichnungen in der Anwendung *„ACT!-Kontakte"* hinzufügen. Von dort aus lässt sich über ein entsprechendes Icon die betreffende Datei öffnen.
- **Im Internet surfen:** Wenn Sie im *ACT!-Kontakte*-Anwendungsfenster (Abb. 5.1) auf das Feld „Web Site" klicken, startet *ACT!* das Internet-Programm und öffnet die angewählte Internet-Seite. Sie können übrigens Ihre Lieblings-Internetseiten in das herausklappbare *ACT!*-Menü einfügen.
- **Die Datei für die Fallgeschichte nutzen:** Mit dieser Datei (das individuelle Notizbuch) haben Sie Raum für die automatische Aufzeichnung sämtlicher Vorgänge, die sich zwischen Ihnen und jeder beliebigen Person aus Ihrer *ACT!*-Datenbank zugetragen haben. Beispielsweise können Sie sich auf diese Weise darüber auf dem Laufenden halten, wie oft Sie bei jemandem angerufen und eine Nachricht hinterlassen haben; und Sie können notieren, ob Sie Antwort bekommen haben. Sie finden hier auch einen Vermerk über jedes Schreiben, das an die jeweilige Person versandt wurde (Briefe, Faxe, E-Mails).

Schöpfen Sie *ACT!* voll aus!

Nachdem Sie mittlerweile einen kleinen Einblick in die Funktionsweise von *ACT!* gewonnen haben, lassen Sie mich Ihnen zusammenfassend in einigen Punkten darlegen, wie Sie mit Hilfe von *ACT!* Ihren Arbeitstag in den Griff bekommen:

- **Geben Sie jeden Namen in *ACT!* ein.** Wenn Sie mit irgendjemandem sprechen – geben Sie dessen Namen *immer* in *ACT!* ein. Damit schaffen Sie sich eine elektronische Rotationskartei, in der Sie jeden Namen in Sekundenschnelle auffinden können.
- **Machen Sie sich von allem Notizen.** Legen Sie über jedes Gespräch, das Sie führen, eine Notiz an. Auf diese Weise stehen Ihnen lückenlose Aufzeichnungen darüber zur Verfügung, wer wann was äußerte. Und – das Höchste überhaupt! – der Kampf mit der Zettelwirtschaft hat ein Ende.

- **Schreiben Sie auf, was wann zu tun ist.** Fast aus jedem Gespräch resultiert die Notwendigkeit zu irgendeiner Aktion. Wenn Sie also etwas erledigen müssen – beispielsweise einen Brief schreiben, einen Bericht anfertigen, ein Projekt bearbeiten etc. –, dann notieren Sie dies über die Funktion „Schedule Activities" (aus der *ACT!-Kontakte*-Anwendung heraus; vgl. Abb. 3.2) in Ihrer Aufgabenliste. Und sind Sie auf die Arbeit eines anderen angewiesen, sollten Sie sich rechtzeitig nach dem Stand der Dinge erkundigen. Nur so können Sie sichergehen, dass die Aufgabe zum fälligen Zeitpunkt erledigt ist. Merken Sie also *unbedingt* einen „Kontroll"-Anruf vor!
- Im Lauf des Tages sollten Sie immer wieder einen Blick auf Ihre Aufgabenliste werfen und entscheiden, was als Nächstes an der Reihe ist. Halten Sie sich dann eine gewisse Zeitspanne frei, erledigen Sie die betreffende Aufgabe und wählen Sie anschließend die nächste aus. Die Aufgabenliste von *ACT!* ist in Abbildung 5.2 dargestellt. (Näheres hierzu finden Sie übrigens in Kapitel 3.)

Beispiel

An jedem beliebigen Tag habe ich über 100 Punkte auf meiner Liste stehen – Aufgaben, die ich erledigen, Leute, die ich anrufen muss. Mein Ziel ist jedoch nicht, bis zum Ende des Tages sämtliche gut 100 Punkte abzuarbeiten. Sondern mein Ziel ist, das Wichtige erledigt zu bekommen. Der Rest kann warten. Damit werde ich mich irgendwann später befassen. Hauptsache, ich vergesse es nicht.

- **Kontakte zu anderen Leuten.** Angenommen, Sie müssen einen Brief schreiben. Dann genügt es, auf das Brief-Symbol in *ACT!* zu klicken, und schon erscheinen Name und Anschrift des Empfängers an korrekter Stelle im Musterbrief. Schreiben Sie nun, was Sie zu schreiben haben, und drucken Sie den Brief aus – wenn Sie ihn nicht einfacher als Fax oder E-Mail verschicken wollen. *ACT!* ermöglicht Ihnen, auf einfache und unkomplizierte Weise mit allen relevanten Personen in Verbindung zu bleiben.

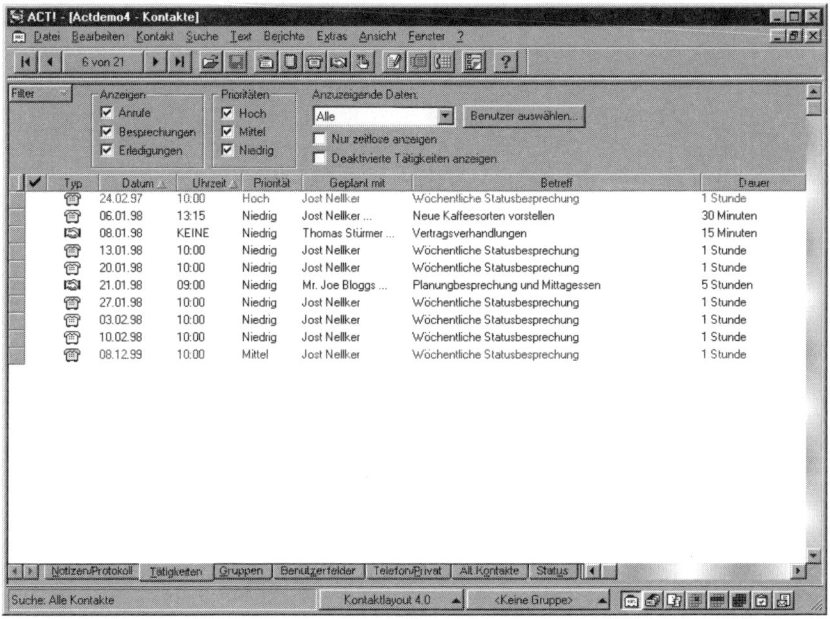

Abb. 5.2: Die Aufgabenliste von *ACT!*

Mein Rat: Ihre erste Arbeit am Morgen sollte sein, *ACT!* zu starten; Ihre letzte Arbeit am Abend, *ACT!* herunterzufahren. Meiner Einschätzung nach kann ich dank *ACT!* die Arbeit von vier bis fünf Personen ganz allein bewältigen. Und Sie können das auch.

Schritt 6
Erfolgreiche Leute lernen die Leute kennen, die für ihr Leben von Bedeutung sind

Wir haben gehört, wie wichtig es ist, die richtigen Kontakte zu knüpfen. Nun geht es um die Praxis. Ich werde Sie in Kapitel 6 in die *Kunst des Networking* einführen. Wir beginnen damit, dass Sie herausfinden, wer denn die wichtigen Leute in Ihrem Leben sind. Sie werden dann den Kreis erweitern, indem Sie die Freunde dieser wichtigen Leute kennen lernen. Betrachten Sie Networking als die Kunst, Freundschaften zu schließen und zu erhalten.

Die Kunst des Networking

Darf ich Sie bitten, sich einige Augenblicke Zeit zu nehmen und darüber nachzudenken, wen Sie alles kennen. Listen Sie dann die zehn wichtigsten Personen in Ihrem Leben auf. Beziehen Sie in diese Überlegungen sowohl persönliche Kontakte als auch Geschäftsbeziehungen und natürlich Ihre Angehörigen ein.

Die zehn wichtigsten Personen in meinem Leben

1. ______________________________
2. ______________________________
3. ______________________________
4. ______________________________
5. ______________________________
6. ______________________________
7. ______________________________
8. ______________________________
9. ______________________________
10. ______________________________

Nachdem diese Personen für Sie so wichtig sind, ist es doch sicher erstrebenswert, mit ihnen in regelmäßiger Verbindung zu stehen. Also, wie wär's: Nehmen Sie den Telefonhörer in die Hand und fragen Sie an, ob man sich zu einem gemeinsamen Frühstück, Mittagessen, Abendessen oder einfach auf eine Tasse Kaffee treffen könnte. Das ist Ihre Chance, Ihre Beziehungen zu intensivieren und zu verbessern.

In welchen Abständen sollten Sie diese wichtigen Leute in Ihrem Leben kontaktieren? Jeden Tag? Jede Woche? Jeden Monat? Einmal alle paar Monate? Ganz einfach: Genauso oft, wie Ihnen angemessen scheint. Merken Sie einen Anruf vor; so verhindern Sie, dass die Beziehung einschläft.

Nun möchte ich Sie einladen, eine weitere Liste zu erstellen. Nämlich eine Liste der Personen, die Sie gerne näher kennen lernen würden.

Zehn Personen, die ich gerne näher kennen lernen möchte

1. ______________________________
2. ______________________________
3. ______________________________
4. ______________________________
5. ______________________________
6. ______________________________
7. ______________________________
8. ______________________________
9. ______________________________
10. ______________________________

Kontaktpflege ist eine Frage der Planung

Wir alle haben einige Bekannte, mit denen wir regelmäßig in Kontakt stehen möchten. Deshalb ist es unerlässlich, nach jedem Treffen oder Telefongespräch den nächsten Anruf im Terminplan einzutragen – selbst wenn dieser erst in drei oder sechs Monaten oder erst in einem Jahr erfolgen soll. Diese Einträge dienen der Pflege Ihrer Beziehungen und gewährleisten, dass Sie mit den wichtigen Personen in Ihrem Leben in Verbindung bleiben.

ACT! bietet Ihnen über die Funktion „recurring activities" (wiederkehrende Aktivitäten) die Möglichkeit, solche „Follow-up"-Aktivitäten einzuplanen. Das können Anrufe sein, aber auch Besprechungen, Treffen oder irgendwelche Erledigungen. Die Häufigkeit dieser Aktivitäten ist frei wählbar, von täglich über wöchentlich und monatlich bis hin zu jährlich. Auf diese Weise ist dafür gesorgt, dass Sie nicht vergessen, zu den wichtigen Personen in Ihrem Leben regelmäßig Kontakt aufzunehmen.

Beispiel

Eines Tages führte ich ein Beratungsgespräch mit John. „Stellen Sie sich vor, was mir letztes Jahr passiert ist", sagte er: „Ich habe doch wirklich vergessen, einen meiner besten Kunden zum Golfspielen einzuladen." Damit so etwas nicht noch einmal vorkommt, notierten wir in *ACT!* unter „recurring activities" für jeden 1. Mai ein Telefongespräch: John muss seinen Freund anrufen und mit ihm einen Termin für ein gemeinsames Golfspiel verabreden.

Schnappen Sie sich jetzt den Telefonhörer und verabreden Sie mit jeder der aufgelisteten Personen einen Termin für ein gemeinsames Frühstück, ein gemeinsames Mittagessen, Abendessen oder sonst irgendetwas, wobei Sie den anderen näher kennen lernen können.

Lassen Sie uns nun einen Augenblick über die 20 Personen nachdenken, die Sie soeben in Ihren beiden Listen genannt haben. Welche Qualitäten, welche Eigenschaften finden Sie an ihnen so anziehend? Was macht sie Ihnen sympathisch? Wodurch wird Ihre Freundschaft zusammengehalten? Welche Interessen oder Wesenszüge teilen Sie mit jeder der genannten Personen? Bitte halten Sie dies auf der folgenden Liste fest:

Gemeinsame Qualitäten und Eigenschaften

1. ______________________
2. ______________________
3. ______________________
4. ______________________
5. ______________________
6. ______________________
7. ______________________
8. ______________________
9. ______________________
10. ______________________

Wenn Sie sich nunmehr klargemacht haben, welche Qualitäten und Eigenschaften diejenigen Leute besitzen, mit denen Sie gerne Ihre Zeit verbringen, lautet die nächste Frage:

Wen gibt es außerdem, der dieselben Qualitäten und Eigenschaften besitzt? Finden Sie diese Leute!

Lernen Sie die Freunde der wichtigen Leute in Ihrem Leben kennen

Erfolgreiche Leute kennen erfolgreiche Leute. Jede Person auf Ihren beiden Listen hat wiederum einen großen Bekanntenkreis. Sobald Sie also jemanden etwas näher kennen, sollten Sie darum bitten, den wichtigen Leuten in dessen Leben vorgestellt zu werden. Mit großer Wahrscheinlichkeit werden Sie bereits beim ersten Treffen feststellen, dass Sie mit jenen Leuten viel gemeinsam haben.

Lassen Sie sich anderen Leuten vorstellen

Während Sie sich mit Freunden und Verwandten, Kollegen und Mitarbeitern, Kunden, Klienten und Interessenten oder sonst jemandem unterhalten, wird immer wieder der Name von Dritten fallen; von Leuten, die Ihre Gesprächspartner kennen. Das könnten Kollegen sein, Leute, mit denen man beruflich zu tun hat, oder persönliche Freunde. Handelt es sich dabei um jemanden, den Sie gerne kennen lernen möchten, sollten Sie nachhaken. Lassen Sie sich ein wenig mehr über den anderen erzählen und bitten Sie höflich darum, ihm vorgestellt zu werden.

Scheint es Ihnen jedoch unangebracht, in der gegebenen Situation eine solche Bitte vorzubringen, merken Sie sich den Namen, um ihn später, wenn Sie im Büro zurück sind, in das Notizbuch von *ACT!* einzugeben. Sollte Ihnen der Name entfallen sein, schreiben Sie das auf, was Sie noch über die Person wissen. Zu einem späteren Zeitpunkt können Sie dann darum bitten, dass man Sie miteinander bekannt macht.

Das könnte beispielsweise beim nächsten Treffen oder Gespräch wie folgt geschehen: „Frau Müller", sagen Sie, „als wir kürzlich zusammen beim Mittagessen waren, haben Sie angedeutet, dass Sie mit Herrn Paul Schmidt gut befreundet sind. Was Sie von seiner Tätigkeit erzählt haben, klingt sehr interessant. Könnten wir uns nicht alle drei mal zum Mittagessen treffen? Es wäre mir eine Ehre, ihn kennen zu lernen." Voraussetzung dafür ist natürlich, dass Sie vorbereitet sind und die Namen der Personen parat haben, an denen Sie interessiert sind.

Sprechen Sie die Leute mit Namen an

Wenn es um Namen geht, so möchte jeder am liebsten den eigenen hören, nicht wahr! Wenn Sie also jemandem begegnen und sich an dessen Namen erinnern, sprechen Sie ihm damit ein großes Kompliment aus. Sie vermitteln ihm das Gefühl, wichtig zu sein.

Beim ersten Treffen mit jemandem sollten Sie die nötige Zeit und Energie investieren, sich den zugehörigen Namen einzuprägen. Folgende Techniken können Ihnen dabei von Nutzen sein:

- Wiederholen Sie innerlich den Namen zwei- bis dreimal, damit er unauslöschlich in Ihrem Gedächtnis verankert bleibt.
- Bitten Sie um die korrekte Schreibweise des Namens. Beispielsweise könnten Sie fragen: „Karola, schreibt man Sie mit K oder mit C? Und wie wird Ihr Nachname geschrieben?“
- Wenn man Ihnen einen Namen vorbuchstabiert, sollten Sie dies laut wiederholen. Betrachten Sie währenddessen das Gesicht Ihres Gegenübers und versuchen Sie, eine Verbindung von Gesicht und Namen herzustellen.
- Versuchen Sie, an etwas zu denken, das sich auf den Namen der betreffenden Person reimt.

Und vergessen Sie nicht, freundlich zu lächeln, während Sie etwas Nettes über den Namen Ihres Gesprächspartners verlauten lassen. Beispielsweise: „Das ist aber ein hübscher Name.“ Oder: „Ach, so heißt auch mein(e) [Sohn/Tochter/Mutter/bester Freund].“

Wie man in Verbindung bleibt

Jedes Zusammentreffen mit einem Menschen, zu dem Sie gern Kontakt halten möchten, sollte Sie *stets* zu den folgenden Aktionen veranlassen:

1. Sie lassen sich eine Visitenkarte geben. Steht keine solche zur Verfügung, notieren Sie sich Namen, Anschrift und Telefonnummer auf die Rückseite einer Ihrer eigenen Visitenkarten; notfalls tut es auch ein Stück Papier oder eine Serviette.
2. Bei Ihrer Rückkehr ins Büro geben Sie die Daten unverzüglich in *ACT!* ein.
3. Als Gedächtnisstütze notieren Sie in Ihrem *ACT!*-Notizbuch eine kurze Zusammenfassung, was Sie über die betreffende Person wissen.
4. Sie merken für die nicht allzu ferne Zukunft einen Anruf vor, damit Sie mit Ihrer neuen Bekanntschaft zusammenkommen und z.B. über Geschäftsmöglichkeiten sprechen können.

Networking dauert ein Leben lang

Der Prozess des Networking wird Sie Tag für Tag beschäftigen, und zwar ein Leben lang. Es ist etwas, womit Sie jeden Tag beschäftigt sind. Wann immer Sie jemanden treffen oder von jemandem hören, der Ihr Interesse weckt, lauern Sie auf jede Chance, ihn näher kennen zu lernen.

Um es noch einmal zu sagen: Im Lebens-„Business" hängt sehr viel davon ab, wen Sie kennen, wie gut Sie ihn kennen und wie schnell Sie ihn ans Telefon bekommen. Indem Sie auf neue Leute treffen, erweitern Sie Ihr Netzwerk von Kontakten; Sie gewinnen Möglichkeiten hinzu; Sie erschließen sich eine Gruppe von Menschen, die Ihnen helfen wollen, Ihre Ziele zu erreichen und Ihre Träume zu verwirklichen. Sie haben diesen Menschen etwas zu geben; umgekehrt haben jene auch Ihnen etwas zu geben. Man nennt so etwas – Freundschaft.

Halten Sie Ausschau nach Menschen gleicher Wellenlänge

Nicht mit jedem Menschen, der Ihnen über den Weg läuft, werden Sie sich gut verstehen. Machen Sie sich darüber also keine Gedanken. Manch einer besitzt zwar die eine oder andere der Eigenschaften, die Ihnen wichtig sind, und trotzdem kommen Sie mit ihm nicht zurecht – aus irgendeinem Grund, den Sie nicht konkret benennen können. Ja, es gibt eben so etwas wie Chemie – und manchmal stimmt sie, manchmal stimmt sie nicht.

Auch auf diesem Gebiet – wenn es um den Ausbau von Beziehungen geht – kann Ihnen das *ACT!*-Notizbuch von Nutzen sein: Hier können Sie Ihre Gedanken, Kommentare und/oder Ansichten darüber, wie sich Ihre Beziehungen entwickeln, festhalten.

Sie werden feststellen, dass es mit einigen Leuten hervorragend läuft und Sie sich näher kommen. Bei anderen läutet Ihre Alarmglocke und Sie wissen, irgendetwas ist faul. In letzterem Fall sollten Sie sich jemand anderem zuwenden.

Verschwenden Sie nicht Ihre kostbare Zeit und Energie auf Bemühungen um aussichtslose Beziehungen; arbeiten Sie stattdessen an der Festigung guter, enger Beziehungen.

Die Herausforderung im Leben besteht darin, sich mit Menschen gleicher Wellenlänge zu umgeben und gleichzeitig das Engagement für alle anderen Beziehungen auf ein Minimum zu reduzieren. Verwenden Sie Ihre Zeit und Energie auf die Suche nach solchen Menschen, die Ihre Freunde sein wollen.

Sie sollten bestrebt sein, nur mit den Menschen auf Dauer zu verkehren, mit denen Sie eine gegenseitige Zuneigung verbindet. Wenn Sie dieses Ziel Ihr Leben lang verfolgen, werden Sie ein riesengroßes Netzwerk von Freunden Ihr Eigen nennen. Zusammen werden Sie mehr erreichen, als jeder von Ihnen je zu träumen gewagt hat.

Networking innerhalb des eigenen Unternehmens

Wie gut kennen Sie die Leute, mit denen Sie zusammenarbeiten? Was wissen Sie über deren Träume, Ziele und Wünsche? Und was wissen die anderen über Sie?

Viele der Leute, mit denen Sie täglich zu tun haben, können Ihnen helfen, erfolgreich zu werden. Aber dazu müssen Sie erst einmal daran arbeiten, eine Beziehung zu ihnen aufzubauen.

Lernen Sie Ihren Chef besser kennen

Unabhängig davon, wo Sie arbeiten oder für wen Sie arbeiten, gibt es immer jemanden, dem Sie verantwortlich sind. Jeder hat einen Chef oder Vorgesetzten. Selbst wenn Sie der Firmeninhaber sind, müssen Sie Ihre Kunden bei Laune halten, sind Sie auf eine gute Arbeitsbeziehung zu Ihren Zulieferern angewiesen und benötigen Sie eine enge Beziehung zu Ihren Bankern, Kreditgebern, Investoren und Angestellten.

Die meisten von uns jedoch sind nicht ihr eigener Chef, sondern einem Dritten verantwortlich. Je besser Sie sich mit Ihrem Chef oder unmittelbaren Vorgesetzten in beruflichen Belangen verstehen, desto einfacher wird es für Sie sein, im Leben voranzukommen: Ihre Karrierechancen steigen, und die Wahrscheinlichkeit, dass Sie in der Branche oder dem Beruf Ihrer Wahl erfolgreich sind, wächst um ein Erkleckliches.

Deshalb möchte ich Ihnen gerne einige Fragen stellen, um herauszufinden, wie gut Sie Ihren Chef kennen. (Übrigens: Diese Fragen gelten selbstredend analog für eine Chefin!)

- Welcher Tätigkeit ging er nach, bevor er seine derzeitige Position einnahm?
- In welchen anderen Branchen oder Sparten war er bereits tätig?
- Welche Schule besuchte er?

- Was wissen Sie über sein Privatleben? Ist er Single? Verheiratet? Oder geschieden? Wie heißt der Ehepartner? Kennen Sie dessen Alter? Geburtstag? Geht der Ehepartner einer Arbeit nach? Wie steht es mit dem Hochzeitstag? Den Namen der Kinder?
- Welche Interessen besitzt Ihr Chef über die Firma hinaus?
- Was ist ihm im Leben am wichtigsten?
- Welches sind seine Ziele, Wünsche und Ambitionen?
- Was können Sie tun, um seine Karriere zu fördern?

Würden Sie sich wünschen, eine dauerhafte Beziehung zu diesem Menschen zu haben? Eine Beziehung, die sich nicht auf Ihre derzeitige Position und Ihr Arbeitsverhältnis beschränkt? Sehr häufig ist die Karriere des einen an die des anderen geknüpft. Wenn zum Beispiel der Chef geht, weil er sich andernorts verbessern kann, begleiten ihn einzelne Mitglieder seines Mitarbeiterstabes in die neue Firma. Ist es diese Art Beziehung, die Sie gerne zu Ihrem Chef hätten? Wenn ja, unterstützen Sie ihn bei Problemlösungen – und wenn er Karriere macht, können Sie in seinem Kielwasser folgen.

Lernen Sie die wichtigen Leute in Ihrem Unternehmen oder Ihrer Firma kennen

In jedem Unternehmen gibt es bestimmte Leute, von denen die Impulse ausgehen. Es gibt Leute, die die Entscheidungen treffen. Und solche, die in finanzieller Hinsicht die Fäden in der Hand halten und den Geldfluss kontrollieren.

Diese Leute werden es weit bringen (wie Sie selbst!). Machen Sie sich auf, sie näher kennen zu lernen. Knüpfen Sie Freundschaften mit ihnen. Tun Sie, was in Ihrer Macht steht, um sie bei der Verwirklichung ihrer Träume, Ziele und Wünsche zu unterstützen – und sie werden umgekehrt das Gleiche für Sie tun.

Memo

Je mehr Leute innerhalb des Unternehmens Sie kennen und je mehr Sie über den Einzelnen wissen, desto besser wird Ihre Position innerhalb des Unternehmens.

Und dann wären da noch die Leute, mit denen Sie telefonisch zu tun haben – Kunden beispielsweise oder Zulieferer. Wen davon schätzen Sie als potenziellen Aufsteiger ein? Den sollten Sie näher kennen lernen.

Listen Sie mindestens fünf Personen aus Ihrer Firma oder Ihrem Unternehmen auf, die Sie gerne näher kennen lernen möchten. Rufen Sie jeden Einzelnen an und verabreden Sie einen Termin für ein gemeinsames Frühstück, Mittagessen oder Kaffeetrinken. Und sorgen Sie für eine regelmäßige Kontaktpflege.

Fünf Kollegen oder Mitarbeiter, die ich gerne näher kennen lernen möchte

1. ______________________________
2. ______________________________
3. ______________________________
4. ______________________________
5. ______________________________

Lernen Sie die wichtigen Leute in Ihrer Branche oder Sparte kennen

Über die wichtigsten Leute in Ihrer eigenen Firma hinaus sollten Sie auch die wichtigsten Leute innerhalb Ihrer Branche oder Sparte kennen lernen – diejenigen, die Impulse setzen, die etwas in Bewegung bringen. Bemühen Sie sich um Freundschaften. Besuchen Sie branchenspezifische Konferenzen und Seminare. Knüpfen Sie Kontakte zu Ihrem Berufsverband auf lokaler und überregionaler Ebene – und werden Sie aktives Mitglied. Stellen Sie sich für die Arbeit in einem Komitee zur Verfügung. Werden Sie Vorstandsmitglied.

Überlegen Sie, welche fünf wichtigen Leute innerhalb Ihrer Branche oder Sparte Sie in den kommenden 12 Monaten gerne näher kennen lernen möchten. Greifen Sie sich jetzt den Telefonhörer und verabreden Sie einen Termin für eine Zusammenkunft.

Fünf Leute aus meiner Branche oder Sparte, die ich gerne näher kennen lernen möchte

1. ______________________________
2. ______________________________
3. ______________________________
4. ______________________________
5. ______________________________

Erfolgstipp

Auch über die Lektüre Ihrer branchenspezifischen Fachzeitschrift können Sie ersehen, wer in Ihrer Branche zu den Aufsteigern zählt, wer die Impulse setzt und Bewegung ins Spiel bringt.

Welches sind die lukrativsten Kunden?

Der folgende Abschnitt betrifft vor allem diejenigen unter Ihnen, die im Handel tätig sind. Sollte dies auf Sie nicht zutreffen – lesen Sie ihn dennoch! Ich werde Ihnen eine sehr interessante Perspektive eröffnen, wie Sie Ihr Geschäft zum Blühen bringen können.

Wer erfolgreich sein will, muss nicht unbedingt zahlreiche Abschlüsse vorweisen können; wichtig ist vielmehr, die *richtigen* Abschlüsse zu tätigen. Es gibt ein geflügeltes Wort, das schon sehr alt ist und das Sie wahrscheinlich im Lauf der Jahre oft gehört haben: „80 Prozent Ihrer Geschäfte stammen von 20 Prozent Ihrer Kunden."

Nun, wenn dem so ist, müssen wir über eines nachdenken: Warum sollen wir uns um die verbleibenden 80 Prozent der Kunden bemühen, die für lediglich 20 Prozent unseres Umsatzes verantwortlich sind?

Natürlich heißt das nicht, dass Sie all diese unrentablen Kunden abstoßen sollen. Aber Sie sollen darüber nachdenken, wer oder was einen guten – und damit lukrativen – Kunden ausmacht.

Viele Kunden zu haben vermittelt ein – falsches – Gefühl von Sicherheit

Je mehr Kunden oder potenzielle Kunden man hat, desto sicherer fühlt man sich, ob es nun gute Kunden sind oder nicht. Doch was nützt Ihnen das Gefühl von Sicherheit, wenn Sie sich in *falscher* Sicherheit wiegen!

Von all Ihren Kunden – und wären es noch so viele – dürfen sicher nur wenige wirklich als hervorragende Kunden angesehen werden; einige weitere als gute Kunden. Die Masse aber sind die Kunden, in die Sie viel Zeit, Energie, Wissen und Sachkenntnis investieren, ohne dass die resultierenden Geschäfte diese Investition rechtfertigen.

Deshalb die Frage: Welches sind die lukrativsten Kunden? Aus meiner Sicht zeichnet sich ein guter Kunde dadurch aus, dass er seine Rechnungen pünktlich bezahlt und Ihnen nicht unangemessen viel Zeit und Aufmerksamkeit abverlangt.

Achtung: Ein Kunde wird nicht allein dadurch zum guten Kunden, dass er viel Geld bei Ihnen ausgibt. Wenn es nämlich notwendig wird, ihn Tag für Tag durch einen zeitintensiven „Dienst am Kunden" bei Laune zu halten, frisst dieser Aufwand Ihre Gewinnspanne wieder auf.

So möchte ich Ihnen vorschlagen: Führen Sie eine Säuberungsaktion durch und trennen Sie sich von den unrentablen Kunden, sprich von den Kunden, die Sie zu viel Zeit und Energie kosten. Zwei gewaltige Nutzeneffekte sind Ihnen dadurch sicher:

1. Sie können mehr Zeit darauf verwenden, sich um die Zufriedenheit Ihrer wirklich guten Kunden zu bemühen.
2. Sie können Ihre Zeit darauf verwenden, solche Kunden hinzuzugewinnen, die dem Profil Ihrer besten Kunden ähnlich sind und somit einen noch höheren Profit versprechen.

Hier erweist sich *ACT!* mit seinem Notizbuch wiederum als wertvoller Helfer für Ihren Erfolg: Es ermöglicht Ihnen die Aufzeichnung eines fortlaufenden Berichts über jedes Zusammentreffen, jede Besprechung und jedes Telefongespräch mit jeder einzelnen Person; darüber hinaus können Sie hier zusammenfassende Notizen über Ihre Korrespondenz jedweder Art – Brief, Fax oder E-Mail – ablegen. Anhand dieser Informationen lässt sich beurteilen, wie viel an Zeit, Aufwand und Energie Sie auf jeden einzelnen Kunden verwenden. Entscheiden Sie dann, ob dies in einer guten Relation zum dazugehörigen Profit steht. *ACT!* hilft Ihnen, sich unter anderem darüber auf dem Laufenden zu halten,

- wie oft Sie von dem Kunden eine telefonische Anfrage erhalten, die Ihre kostbare Zeit kostet, ohne dass für Sie finanziell irgendetwas herausspringt;
- wie viel Zeit und welche Mittel Sie aufwenden, um die Frage(n) Ihres Kunden zu beantworten;
- wie oft jemand Sie darum bittet, ein Angebot oder einen Kostenvoranschlag zu erstellen, ohne Ihnen anschließend den Auftrag zu erteilen;
- wie oft Sie ein Kunde am Telefon damit abspeist, er sei augenblicklich sehr beschäftigt und Sie möchten bitte zu einem späteren Zeitpunkt zurückrufen;
- wie oft Sie bei einem Kunden anrufen und eine Nachricht hinterlassen, ohne je einen Rückruf zu erhalten.

Memo

Die Zeit, die Sie mit unrentablen Kunden verbringen, können Sie nicht für andere geschäftliche Chancen nutzen oder dafür, den Wünschen der lukrativen Kunden gerecht zu werden.

Stellen Sie eine Liste Ihrer zehn lukrativsten Kunden zusammen. Nehmen Sie sich einen Augenblick Zeit, um jeden einzelnen Namen auf der Liste zu betrachten. Überlegen Sie:

- Wie viel Zeit verwende ich im Lauf eines Tages oder einer Woche darauf, um den Bedürfnissen, Ansprüchen und Wünschen dieses Kunden gerecht zu werden?
- Gibt es noch mehr, was ich tun könnte, um diesen Kunden zufrieden zu stellen?
- Wenn ich mehr Zeit hätte – was könnte ich noch mehr für ihn tun?

Wie gut kennen Sie neben Ihrem unmittelbaren Ansprechpartner weitere Personen aus der jeweiligen Firma? Kennen Sie die Kollegen und Mitarbeiter Ihres Ansprechpartners? Seinen Chef, seinen Vorgesetzten und/oder die Leute, die ihm unterstellt sind?

Meine zehn lukrativsten Kunden

1. ______________________________
2. ______________________________
3. ______________________________
4. ______________________________
5. ______________________________
6. ______________________________
7. ______________________________
8. ______________________________
9. ______________________________
10. ______________________________

In der schnelllebigen und in hohem Maße wettbewerbsorientierten Geschäftswelt von heute ist Kontinuität im personellen Bereich nicht mehr die Regel. Umso wichtiger ist es, alle Firmenmitglieder zu kennen. Stellen Sie sich vor, Ihr bester und lukrativster Kunde sei die Firma XY und Ihr dortiger Ansprechpartner (der ein guter Freund von Ihnen ist) wechselt das Unternehmen. Wenn Sie nun rein gar nichts über den Nachfolger Ihres Freundes wissen – was dann?

Erfolgstipp

Knüpfen Sie Beziehungen zu *sämtlichen* Leuten, die in einem Unternehmen eine Schlüsselposition innehaben.

Lernen Sie also den Assistenten Ihres Ansprechpartners kennen; die Leute, die ihm unterstellt sind; die Leute, denen er unterstellt ist. Wenn es Ihnen gelingt, die Bekanntschaft des Geschäftsführers oder des Abteilungsleiters zu machen, werden Sie im Falle einer Umbesetzung im Personalbereich mit der veränderten Situation sehr viel besser zurechtkommen.

Erfolgstipp

- Tragen Sie Informationen über die Leute zusammen, mit denen Sie zu tun haben. Je mehr Sie über jemanden wissen, desto enger entwickelt sich die Beziehung.

Leute kennen lernen

Bislang habe ich in diesem Kapitel ausschließlich davon gesprochen, wen Sie näher kennen lernen sollten. Im folgenden Abschnitt werde ich Ihnen erklären, um welche Art von Information Sie sich bemühen sollten.

Erfolgstipp

An diese Information heranzukommen ist ein Kinderspiel. Sie müssen lediglich ein paar Fragen stellen und auf die Antworten achten ... und wie es der Zufall will, ist genau dies das Thema des nächsten Kapitels.

Vorausschicken möchte ich, dass Sie diese Information nicht auf einmal einbringen müssen. Versuchen Sie es lieber gar nicht erst. Sie werden über einen Zeitraum von Monaten, Jahren und Jahrzehnten Stück um Stück in Erfahrung bringen. Schließlich werden Sie über manche Personen fast alles wissen, was es zu wissen gibt. Bei anderen werden Ihre Informationen eher dürftig bleiben. Zu manchen Leuten werden Sie eine sehr enge Beziehung entwickelt haben, und bei anderen wird es auch Jahre später bei einer bloßen Bekanntschaft geblieben sein.

Es gehört zu den wunderbaren Vorzügen von *ACT!*, dass es Ihnen den nötigen Platz liefert, um beliebig viele Informationen über jede einzelne Person aus Ihrem Bekanntenkreis abzuspeichern – und jederzeit in Sekundenschnelle wieder zu finden.

Bei jedem Gespräch mit irgendjemandem lernen Sie den anderen näher kennen. Behalten Sie dabei immer die folgenden Gedanken im Hinterkopf:

- Welches sind die Ziele, Träume und Wünsche meines Gesprächspartners?
- Woher kommt mein Gesprächspartner?
- Wohin will mein Gesprächspartner?
- Wie kann ich meinem Gesprächspartner weiterhelfen?

Genau dies ist es, was Sie über die wichtigen Leute in Ihrem Leben in Erfahrung bringen sollten.

Grundinformation

Bei jeder neuen Begegnung mit irgendjemandem sollten Sie versuchen, die folgende Grundinformation zu erhalten:

- die korrekte Schreibweise des Eigennamens; den Firmennamen; Postanschrift, Telefon- und Faxnummern; ggf. E-Mail-Adresse und Internet-Adresse
- wie der Betreffende angesprochen werden möchte (mit oder ohne Titel? eventuell sogar mit dem Vornamen?); wie die Anrede auf Briefen oder sonstiger Korrespondenz lauten sollte
- Namen und Telefonnummern der Assistenten oder Mitarbeiter Ihres Gesprächspartners

Berufliche Information

Über den persönlichen Bereich hinaus sollten Sie sich auch nach dem Beruf oder der Branche Ihres Gesprächspartners (um es noch einmal zu betonen: dies gilt selbstredend auch für die Gesprächspartnerin!) erkundigen. Stellen Sie Fragen etwa wie folgt:

- In welcher Branche ist er beschäftigt?
- Welche Position, welchen Titel hat er inne? Wo liegen seine beruflichen Verantwortungsbereiche?
- Welchen Platz nimmt er innerhalb der Unternehmensstruktur ein? Wer ist sein Chef oder Vorgesetzter? Wer sind seine Kollegen, wer ist ihm unterstellt?
- Wer trifft innerhalb des Unternehmens die Entscheidungen?
- Wer waren die früheren Arbeitgeber Ihres Gesprächspartners?
- Was hat er früher beruflich gemacht?
- Wie sieht der Bildungshintergrund Ihres Gesprächspartners aus? Hat er besondere Auszeichnungen erhalten? Gehört er irgendwelchen Studentenverbindungen an?
- Besitzt er außerberufliche Interessen oder Verbindungen? Ist er Mitglied in irgendeinem Club? In irgendeinem Verein oder Verband?

- Gibt es irgendwelche weiteren Informationen, die Ihnen in Ihrer spezifischen Branche von Nutzen sein könnten?

Persönliche Information

Was Sie gerne an persönlichen Dingen über Ihren Gesprächspartner wissen möchten, ist in etwa Folgendes:

- Alter und Geburtstag
- Familienstatus: ledig, verheiratet, geschieden, verwitwet
- bei verheirateten Personen: Name, Geburtstag und berufliche Tätigkeit des Ehepartners; Hochzeitstag
- sofern Kinder vorhanden sind: Name und Alter der Kinder; Jahrgangsstufe in der Schule; irgendwelche besonderen Aktivitäten
- Daten über Eltern und Geschwister

Freizeitinteressen

Welchen außerberuflichen Interessen geht Ihr Gesprächspartner nach?

- Was macht er in seiner Freizeit?
- Hat er Hobbys oder außergewöhnliche Interessen?
- Welches sind seine politischen Ansichten? Wie denkt er grundsätzlich über Politik?

Erfolgstipp

Manchmal empfiehlt es sich, politische Kommentare und/oder Diskussionen von einer freundschaftlichen Beziehung fern zu halten.

Ziele, Träume und Wünsche

Wovon träumt Ihr Gesprächspartner: Was möchte er aus seinem Leben machen? Welches sind seine Ziele – finanziell, familiär und hinsichtlich der beruflichen Laufbahn? Wie können Sie ihm helfen, diese Träume zu verwirklichen?

Verbringen Sie Ihr Leben damit, Freundschaften zu schließen

Seien Sie ein Leben lang darauf bedacht, Freundschaften mit den Leuten einzugehen, denen Sie begegnen. Sie können einander nämlich gegenseitig bei der Verwirklichung Ihrer Träume helfen. Wer weiß – möglicherweise läuft Ihnen heute noch jemand über den Weg, der Ihr ganzes Leben verändern könnte.

Schritt 7
Für erfolgreiche Leute ist gut nicht gut genug

Um im Leben das zu erhalten, was man haben will, muss man in kooperativer Weise mit anderen Leuten zusammenarbeiten. Gehen Sie Freundschaften mit den entsprechenden Leuten ein. Setzen Sie alles daran, sie für Ihre Denkweise zu gewinnen. Überzeugen Sie jeden Einzelnen, dass man durch kooperative Zusammenarbeit weit mehr erreichen kann, als wenn jeder im Alleingang vor sich hinwerkelt.

Man bezeichnet dies als *Synergismus*: Das Endergebnis ist größer als die Summe der Teile. Führen Sie Fähigkeiten, Begabungen, Wissen, Ausbildung und Stärken von Einzelpersonen zu einer Einheit zusammen, und Sie haben ein Unternehmen, ein Team geschaffen.

Memo

Durch Teamwork werden Sie weitaus mehr zu Wege bringen als im Alleingang. Das Leben wird leichter, wenn Sie *alle* am gleichen Strang ziehen.

Im Team gibt es kein Ich

Wenn Sie ein Teammitglied werden, wird das Ich zum Wir. Als Teammitglied geben Sie einen kleinen Teil von sich selbst auf, damit das Team als Ganzes wachsen und gedeihen kann.

Ermöglichen Sie es dem Einzelnen, sich auf seine Leistungsziele zu konzentrieren und in seiner Persönlichkeit zu wachsen; und ermöglichen Sie es der Gruppe – dem Team –, sich auf die Leistungsziele der Gruppe zu konzentrieren. Auf diese Weise wird eine Atmosphäre geschaffen, in der jeder zum Sieger werden kann, sowohl auf der individuellen Ebene als auch in seiner Funktion als Teammitglied.

Gute Teams, Unternehmen und Firmen werden dann zu *hervorragenden*, wenn die Mitglieder einander so viel Vertrauen entgegenbringen, dass keine Energie auf das Ich verschwendet wird, sondern sich alle Energie im Wir bündelt.

Memo

Im Wir liegt mehr Kraft als im Ich.

Betrachten Sie jeden, mit dem Sie in irgendeiner Weise zu tun haben, als ein Mitglied oder potenzielles Mitglied Ihres Teams. Teamwork ist das A und O des Lebens. Wenn ein Teammitglied gute Arbeit leistet und in einer Angelegenheit erfolgreich ist, hat jeder gewonnen. Seien Sie jemand, der im Team spielt. Wenn Ihr Team gewinnt, gewinnen Sie. Und denken Sie nicht nur in Begriffen von *Spielen*, die es zu gewinnen gilt, sondern von *Meisterschaften*!

Lassen Sie sich an den Punkten helfen, wo Sie Hilfe benötigen

Was auch immer Sie sich vornehmen – es wird leichter, wenn Sie die Hilfe und Unterstützung anderer haben. Diese Hilfe sollten Sie nicht *for-*

dern oder *verlangen*; Sie sollten dem anderen nicht *vorschreiben*, was er zu tun hat. Wenn Sie ihn hingegen *bitten*, etwas für Sie zu tun, wird er Ihnen gute Arbeit liefern.

Ermutigen und motivieren Sie andere so, dass sie letzten Endes genau das tun *wollen*, was Sie tun *sollen*. Während Ihnen jemand einen Teil der Arbeit abnimmt, können Sie Ihre Zeit und Energie auf andere Arbeiten, Aufgaben und Projekte konzentrieren.

Wenn man mit anderen im Team zusammenarbeitet, genießt man unter anderem den großen Vorteil, dass man nicht *alle* Arbeit selbst erledigen muss. Die meisten von uns sind gar nicht in der Lage, ihre Arbeit ohne die Hilfe anderer zu bewältigen.

Wenn Sie also jemanden um Hilfe bitten, sollten Sie einen sanften, unaufdringlichen und zurückhaltenden Ton anschlagen. Formulieren Sie Ihre Bitte in etwa wie folgt:

- „Bitte verzeihen Sie, dass ich Sie belästige, aber …“
- „Würden Sie bitte so freundlich sein und …“
- „Würden Sie bitte …“
- „Würde es Ihnen etwas ausmachen …“
- „Darf ich Sie um einen Gefallen bitten? Könnten Sie bitte …“
- „Ich weiß, dass Sie sehr beschäftigt sind, aber …“

Die Kunst des Delegierens

Wenn Sie jemanden gebeten haben, etwas für Sie zu tun, ist damit der Fall für Sie längst nicht erledigt. Sie stehen weiterhin in der Verantwortung und müssen dafür Sorge tragen, dass eine Aufgabe korrekt und fristgerecht zum Abschluss gebracht wird. Ich möchte Ihnen im Folgenden einige Tipps an die Hand geben, wie Sie gewährleisten können, dass delegierte Aufgaben korrekt und fristgerecht erledigt werden.

- **Erklären Sie, worum es geht.** Wenn Sie eine Aufgabe an jemanden delegieren, sollten Sie sich die Zeit nehmen und dem Betreffenden genau erklären, was zu tun ist. Stellen Sie sicher, dass er *versteht*, worum es geht.

Memo

Gehen Sie davon aus, dass Ihr Mitarbeiter den erhaltenen Auftrag zu Ihrer Zufriedenheit ausführen will. Das kann er jedoch nur, wenn Sie ihn vollständig und korrekt darüber informieren, was von ihm erwartet wird.

- **Nennen Sie ein Fälligkeitsdatum.** Lassen Sie nicht offen, bis wann eine Arbeit abgeschlossen sein sollte. Nennen Sie ein konkretes Datum und/oder konkrete Uhrzeit. Beispielsweise könnten Sie jemandem sagen, Sie benötigen den Bericht bis Dienstag, 16.00 Uhr, auf Ihrem Schreibtisch; oder bis Donnerstag, 9.00 Uhr.
- **Bitten Sie darum, dass jeder Eigenverantwortung übernimmt.** Nachdem Sie jemandem erklärt haben, worum es geht und bis wann der Auftrag erledigt sein muss, fragen Sie ihn, ob er die Aufgabe übernehmen und zum Abschluss bringen will. Sie sagen beispielsweise: „Es handelt sich hierbei für mich um eine sehr wichtige Angelegenheit. Kann ich darauf zählen, dass Sie alles bis … erledigt haben?" Indem Sie Ihr Anliegen auf diese Weise formulieren, übergeben Sie dem anderen die Verantwortung, diese Aufgabe oder dieses Projekt innerhalb des vorgegebenen Zeitrahmens erfolgreich abzuschließen.
- **Sorgen Sie für die erforderlichen Ressourcen.** Wenn Sie jemandem eine Aufgabe übertragen, müssen Sie auch sicherstellen, dass dem Betreffenden die Ressourcen zur Verfügung stehen, die er für die Bewältigung dieser Aufgabe benötigt. Dabei kann es sich um Gerätschaften und Materialien handeln, um die Unterstützung durch Kollegen und/oder Mitarbeiter oder bei Bedarf auch um finanzielle Mittel.
- **Erläutern Sie die Bewertungskriterien.** Besprechen Sie mit dem Betreffenden, nach welchen Maßstäben darüber entschieden wird, ob die Aufgabe ordnungsgemäß erledigt wurde. Klären Sie ihn auch über die Konsequenzen dieser Bewertung auf.
- **Sie *müssen* die Angelegenheit weiterverfolgen.** Wenn Sie eine Aufgabe delegiert haben, sollten Sie sich in regelmäßigen Abständen davon überzeugen, dass die Dinge so laufen, wie sie sollen – dass also das Richtige getan wird und ein Fortschritt erkennbar ist. Es wird Ihnen leicht fallen, wenn Sie auf Ihrer Masterliste einen diesbezüglichen Vermerk machen; oder – besser – Sie planen eine „Follow-up"-Aktivität in *ACT!* ein: Weiterverfolgung der Angelegenheit xy. Aber Achtung: Nehmen Sie Ihrem Mitarbeiter nicht die Möglichkeit, selbst darüber zu entscheiden, wie er an die Aufgabe herangehen will. Ihnen darf es lediglich auf gute Qualität und fristgerechte Lieferung der Arbeit ankommen. Vertrauen Sie darauf, dass andere durchaus imstande sind, etwas zu Wege zu bringen.
- **Sprechen Sie dem anderen für eine gute Leistung Ihre Anerkennung aus.** Vergessen Sie nicht, nach dem erfolgreichen Abschluss ei-

nes Projekts oder einer Aufgabe danke zu sagen, und zeigen Sie Anerkennung, wenn etwas gelungen ist. Vermitteln Sie den Leuten das Gefühl, wichtig zu sein; lassen Sie sie wissen, wie sehr Sie ihre Leistungen schätzen.

Memo

Im Grunde genommen will jeder seine Arbeit gut erledigen. Und jeder möchte mit einem erfolgreichen Unternehmen in Verbindung gebracht werden.

Lassen Sie die anderen mit im Rampenlicht stehen

Wenn Sie eine Arbeit, eine Aufgabe oder ein Projekt erfolgreich abgeschlossen haben, sollten all diejenigen, die Sie dabei unterstützt haben, mit Ihnen im Rampenlicht stehen. Nehmen Sie also Prestige und Ansehen, Anerkennung, Macht und Profit nicht für sich allein in Anspruch, sondern lassen Sie die anderen daran teilhaben. Alle, die zu Ihrem Erfolg beigetragen haben, sollten auch das Gefühl haben, dass sie wichtig sind. Tun Sie alles in Ihrer Macht Stehende, damit die Leute um Sie herum ein gutes Ansehen genießen. Umgekehrt dürfen auch Sie sich im Widerschein des Erfolgs und der Leistungen Ihrer Freunde, Kollegen und Mitarbeiter sonnen. Nehmen Sie an den Erfolgen der anderen teil und lassen Sie die anderen an Ihren Erfolgen teilhaben. Es ist mehr als genug für alle da.

Memo

Loben Sie die Person in der Öffentlichkeit; kritisieren Sie die Tat unter vier Augen.

Werden Sie ein brillanter Gesprächspartner

Erfolgreiche Leute sind deshalb erfolgreich, weil sie wissen, wie sie das bekommen, was sie haben wollen. Dabei kann es eine entscheidende Rolle spielen, wie Sie mit Ihrer Bitte an jemanden herantreten. Beginnen Sie damit, ein brillanter Gesprächspartner zu werden; der einfachste Weg hierzu ist, ein besserer Zuhörer zu werden.

Was heißt das – zuhören? Zuhören ist eine Kunst. Zuhören ist ein aktiver Vorgang. Zuhören bedeutet, mit *ernsthaftem* Interesse hören wollen, was der andere zu sagen hat. Denn durchs Zuhören erfahren Sie, was ein anderer denkt und empfindet.

Wie werden Sie ein besserer Zuhörer? Indem Sie den anderen zum Reden ermutigen. Tatsache ist, dass jeder gern über sich selbst spricht – also lassen Sie ihn. Stellen Sie jemandem eine Frage, nehmen Sie die Antwort zur Kenntnis und stellen Sie dann eine weitere Frage. Im Nu werden Sie alles Wissenswerte über Privat- und Familienleben erfahren haben, über berufliche Angelegenheiten und laufende Geschäftsbeziehungen, über Ihre Konkurrenz und alles, was Sie sich vorstellen können.

Indem Sie jemandem zuhören, signalisieren Sie Ihre Wertschätzung seiner Person einschließlich seiner Gedanken und Ideen. Durch aufmerksames Zuhören sprechen Sie das höchste aller Komplimente aus. Sie bekunden: Ich habe ein echtes Interesse daran, zu hören, was Sie zu sagen haben. Gleichzeitig lernen Sie den anderen kennen, wenn Sie sich mit ihm über die Dinge unterhalten, über die er gerne sprechen möchte. Beachten Sie auch Folgendes:

- Sprachwahrnehmung und -verständnis erfordern nicht mehr als 15 Prozent der Gehirnkapazität; Ihnen stehen also 85 Prozent Ihrer Aufmerksamkeit für ein intensives Zuhören zur Verfügung.
- Gute Zuhörer kommen im Leben besser voran als gute Redner. Durch zu viel Reden kann man sich viel verderben; aber haben Sie schon jemals gehört, jemand habe sich durch gutes Zuhören etwas verdorben?

Die Kunst, Fragen zu stellen

Wenn Sie eine Frage stellen, sollten Sie auf die Antwort hören und dann eine Folgefrage stellen. Auf diese Weise erfahren Sie, was der andere denkt und fühlt. Fragen helfen Ihnen dabei, die wahren Bedürfnisse des anderen zu erkennen; seine Ziele, Träume und Wünsche zu identifizieren; bestehende Probleme zu erkennen, bei deren Lösung Sie helfen können. Fragen helfen Ihnen, potenzielle Chancen aufzuspüren.

Wenn Sie also jemandem eine Frage stellen, dann sollte es sich um eine Frage handeln, die er gern beantworten wird.

Formulieren Sie immer Fragen, die nicht einfach mit Ja oder Nein zu beantworten sind

Ein brillanter Gesprächspartner wird seine Fragen immer so formulieren, dass sie nicht einfach mit Ja oder Nein zu beantworten sind. Solche

Fragen – ich will sie als offene Fragen bezeichnen – ermutigen den anderen, seine innersten Gedanken und Gefühle mitzuteilen. Der Schlüssel dazu sind die Fragewörter

- wer
- was
- wann
- warum
- wo
- wie

Mit offenen Fragen bekunden Sie ein ernsthaftes Interesse an dem, was andere Leute zu sagen haben. Sie ermutigen den anderen nicht nur zum Weiterreden, damit das Gespräch nicht abreißt, sondern Sie bauen ihm eine Brücke, seine wahren Gedanken, Meinungen, Ansichten und Empfindungen darzulegen. Mit einer offenen Frage laden Sie den anderen zu einer informativen und anschaulichen Antwort ein. Formulieren Sie Ihre Frage richtig, und Sie werden überrascht sein, wie viel Information man Ihnen bereitwillig liefert.

Zugegeben, es ist nicht immer einfach, eine Frage so zu konstruieren, dass ein Wer, Was, Wann, Warum, Wo oder Wie darin vorkommt. Aber das ist doch gerade die Herausforderung, gerade das Vergnügen! Sie bemühen sich darum, solche Fragen zu formulieren, die den anderen zum Weitersprechen ermutigen – und aus Ihnen wird ein aktiver Gesprächsteilnehmer. Für den anderen wird deutlich, dass Sie sich wirklich für seine Belange interessieren; er wird sich Ihnen gegenüber noch weiter öffnen. Hat er erst einmal erkannt, dass Sie sich die Zeit nehmen wollen, ihn zu verstehen, wird aus dem bloßen Gespräch echte Kommunikation.

Erfolgstipp

Als Faustregel für jedes Gespräch gilt: Versuchen Sie zunächst, drei Fragen zu stellen, die Ihren Gesprächspartner betreffen, bevor Sie auf sich selbst zu sprechen kommen. Sie zeigen ihm damit Ihr Interesse an seiner Person und an dem, was in seinem Leben vor sich geht.

Memo

Wer über sich selbst spricht, langweilt den anderen. Wer das Gespräch so lenkt, dass es sich um den anderen dreht, dem hört man stundenlang zu. Ermutigen Sie den anderen also, von den Dingen zu sprechen, die ihn am meisten bewegen – und Sie sind ein brillanter Gesprächspartner.

Im Folgenden noch zwei weitere Gedankenanstöße im Hinblick auf die Formulierung von Fragen:

- **Vermeiden Sie Fragen, die einfach mit Ja oder Nein zu beantworten sind.** Fragen, die einfach mit Ja oder Nein zu beantworten sind, töten das Gespräch ab. Mit Antworten, die sich auf Ja oder Nein beschränken, kann kein tiefer gehendes Gespräch zustande kommen. Fühlen Sie sich herausgefordert, auf neue und kreative Weisen Fragen so zu konstruieren, dass sie die Schlüsselwörter *wer*, *was*, *wann*, *warum*, *wo* oder *wie* enthalten.
- **Fragen Sie immer positiv.** Jede Frage, die Sie stellen, sollte positiv formuliert sein. Dadurch wird sichergestellt, dass Verlauf, Stimmung und Ton des Gesprächs sowie Konversationsfluss die gewünschte Richtung beibehalten. Jeder möchte im Grunde aus einer positiven Perspektive über das sprechen, was ihn bewegt. Beispielsweise könnten Sie sagen: „Wo würden Sie gerne Verbesserungen sehen?", anstatt zu fragen: „Was missfällt Ihnen an …?" Wenn es darum geht, dass etwas nicht so gut gelaufen ist, fragen Sie nicht: „Was habe ich falsch gemacht?", sondern: „Was hätte ich anders machen sollen?" oder: „Wie hätte ich es besser machen können?"

Hören Sie so zu, dass Sie verstehen, was der andere sagt

Wenn Sie jemanden in ein Gespräch verwickeln, sollten Sie mit Ihrem ganzen Körper zuhören. Setzen Sie sich aufrecht hin, lehnen Sie sich leicht nach vorn und blicken Sie dem anderen ins Gesicht, während er spricht; achten Sie auf seine Körpersprache. Sie müssen auch mit den Augen, dem Herzen, dem Verstand und Ihrem ganzen Körper zuhören – nicht nur mit den Ohren. Hören Sie auf das, was zwischen den Zeilen gesagt wird. Hören Sie auf subjektive Schwingungen, auf Empfindungen, auf die wahre Bedeutung.

Versuchen Sie zu verstehen und in sich aufzunehmen, was der andere äußert. Wenden Sie dem anderen Ihre ungeteilte Aufmerksamkeit zu, während Sie jedes Wort, jeden Satz und jede Formulierung abwägen.

Aus dem gesprochenen Wort formt sich zusammen mit der Körpersprache – Hand-, Augen- und Körperbewegungen sowie Mimik – der Dialog. Ist die Körpersprache im Einklang mit dem gesprochenen Wort, verstärkt und unterstreicht sie dessen Bedeutung.

Merken Sie besonders auf die Pausen zwischen den Worten. Wenn jemand im Redefluss innehält, lassen Sie die Stille zu; unterbrechen Sie nicht die Gedankengänge Ihres Gesprächspartners und beenden Sie keinesfalls den Satz an seiner Stelle. Geben Sie ihm vielmehr die Gelegenheit, eigene Worte zu finden und auszusprechen.

Halten Sie gezielt Ausschau nach subtilen, leisen Botschaften, die der andere aussendet. Versuchen Sie, diese zu deuten; versuchen Sie zu verstehen, was damit wirklich gemeint ist.

Beobachten Sie den – möglicherweise wechselnden – Gesichtsausdruck Ihres Gesprächspartners. Lächelt er? Runzelt er die Stirn? Sind die Gesichtsmuskeln im Kiefer- und Stirnbereich entspannt oder kontrahiert? Und achten Sie auf seine Augen. Wohin blickt er? Worauf sind seine Augen gerichtet? (Übrigens: Wenn Sie jemandem in die Augen sehen, sollten Sie stets nur ein Auge fokussieren; andernfalls wird Ihr Blick unweigerlich hin und her irren.)

Was drückt die Körpersprache Ihres Gesprächspartners aus? Achten Sie darauf, wie der andere dasitzt: Nach vorn gebeugt? Zurückgelehnt? Ruhig und entspannt? Steif wie ein Brett? Oder zappelnd wie ein Wurm am Angelhaken?

Wo befinden sich die Arme? Hängen sie frei herab oder sind sie vor der Brust verschränkt? Und die Hände und Finger? Was macht Ihr Gesprächspartner damit? Wie steht es mit den Beinen? Sind sie entspannt oder wechseln sie alle paar Sekunden die Position? Was machen seine Füße?

Memo

Kommunikation, also die Fähigkeit, sich dem anderen mitzuteilen, besteht nur zu 10 Prozent aus dem gesprochenen Wort; hinzu kommt mit einem Anteil von 30 Prozent der Ton Ihrer Stimme; die Körpersprache stellt die restlichen 60 Prozent.

Weitere Tipps, wie Sie ein besserer Zuhörer werden:

- **Antworten Sie mit einem Nicken.** Wenn Sie die Worte eines anderen mit einem Nicken quittieren, zeigen Sie, dass Sie ihn gehört und verstanden haben, und ermutigen ihn zum Weitersprechen. Ein Nicken bedeutet nicht notwendigerweise, dass Sie mit ihm einer Meinung sind. Alternativ können Sie beispielsweise auch folgende Äußerungen machen: „Oh“, „Ja“, „Das ist interessant“, „Ich verstehe“ oder „Hmm“.

- **Sprechen Sie den anderen mit Namen an.** Wenn Sie Ihrem Gesprächspartner eine Frage stellen oder auf eine seiner Äußerungen antworten, um ihn so in seinem Redefluss zu ermutigen, sollten Sie ihn mit Namen ansprechen. Beispielsweise könnten Sie sagen: „Sabine, könntest du mir mehr hierzu sagen?“ Oder: „Herr Schmidt, was geschah als Nächstes?“ Oder: „Was haben Sie dann gemacht, Monika?“
- **Wiederholen Sie den Satz.** Um sicherzugehen, dass Sie den anderen richtig verstanden haben, wiederholen Sie, was Sie eben gehört haben. Daraus wird Ihr aufrichtiges Bemühen um Verständigung ersichtlich. Sie könnten zum Beispiel sagen: „Wenn ich richtig verstanden habe, sagten Sie …“ oder: „Nur um sicherzugehen, dass ich verstanden habe, was Sie gerade sagten …“
- **Antworten Sie mit weiteren Fragen.** Beantworten Sie jede Äußerung mit einer Frage: Fragen Sie nach mehr Details, nach Hintergründen. Seien Sie neugierig auf die Ideen oder Denkprozesse des anderen und interessieren Sie sich für das, was er zu sagen hat. Springen Sie nicht von einem Thema zum nächsten. Wenn Sie nämlich auf eine Äußerung Ihres Gesprächspartners mit einem Themenwechsel reagieren, signalisieren Sie eindeutiges Desinteresse an dem, was er zu sagen hat. Es gibt keine Kommunikation. Keinen Fluss von Gedanken und Ideen. Kein Feedback.

Beispiel

Situationen wie die folgende bringen mich auf die Palme: Ich bin im Gespräch mit jemandem, und er fragt mich: „Wie geht es Ihnen?“ Oder: „Was steht gerade an?“ Ich antworte, und der andere fragt nun nicht in dieser Richtung weiter, sondern sagt beispielsweise: „Und was gibt es sonst noch?“ Wir unterhalten uns vielleicht 45 Sekunden nach diesem Schema, und mir ist klar, dass ihm völlig schnuppe ist, was in meinem Leben vor sich geht.

- **Seien Sie aufmerksam.** Konzentrieren Sie sich, seien Sie aufmerksam, hören Sie zu, was der andere sagt. Wenn Ihre Gedanken abzuwandern drohen – arbeiten Sie dagegen! Unterbrechen Sie nicht; fallen Sie dem anderen nicht ins Wort; antworten Sie erst dann, wenn er ausgeredet und seine Gedanken zu Ende gesponnen hat.

Memo

- Unterbrechen Sie Ihren Gesprächspartner nicht und schneiden Sie ihm nicht das Wort ab. Jemanden zu unterbrechen heißt, ihm zu antworten – oder zu widersprechen –, bevor er seine Ausführung beendet hat.
- Wenn jemand Sie mit einer neuen Idee konfrontiert, sollten Sie diese komplett anhören und sich die Zeit nehmen, Pro und Kontra abzuwägen. Erst dann ist ein Urteil angebracht: gut oder schlecht. Es ist allzu einfach, einen Vorschlag zu kritisieren und Gründe zu finden, weshalb er nicht realisiert werden sollte.

- **Seien Sie höflich und zeigen Sie Respekt.** Seien Sie ein respektvoller Zuhörer – auch dann, wenn Sie anderer Meinung sind. Nachdem Ihr Gesprächspartner seine Ausführungen beendet hat, können Sie weitere Fragen stellen oder zu seinen Äußerungen Stellung nehmen.

Memo

Wenn Sie jemandem keinen Respekt entgegenbringen können, sollten Sie nicht Ihre Zeit und Energie darauf verschwenden, sich auf ein längeres Gespräch mit ihm einzulassen. Es wird nichts weiter bewirken als Ärger und Frustration auf Ihrer Seite. Setzen Sie deshalb alles daran, solche Gespräche so kurz wie möglich zu halten.

- **Urteilen Sie nicht.** Lassen Sie den anderen seine Sicht der Dinge darlegen. Seien Sie unparteiisch, wenn Sie seine Äußerungen gegen Ihr Wissen abwägen. Auch wenn es allzu menschlich ist – denken Sie nicht schon im Voraus, Sie wüssten, worauf Ihr Gesprächspartner hinaus will, und formulieren Sie nicht bereits im Geist Ihre Antwort auf eine seiner Behauptungen, solange er noch redet. Sondern hören Sie zu. Und stülpen Sie dem anderen nicht Ihre eigenen Vorstellungen über. Legen Sie Ihre Vorurteile, Ihre Bezugssysteme, Ihre Wünsche erst einmal beiseite, damit Sie – so weit als möglich – erfahren können, wie die Welt des anderen beschaffen ist.
- **Üben Sie Selbstbeherrschung.** Wenn Sie mit den Äußerungen Ihres Gesprächspartners nicht konform gehen, sollten Sie sich um Selbstbeherrschung bemühen. Echauffieren Sie sich nicht. Brausen Sie nicht auf. Reagieren Sie nicht ärgerlich.
- **Tun Sie nichts nebenher.** Unterbrechen Sie Ihre augenblickliche Tätigkeit, wenn jemand mit Ihnen reden möchte – gleichgültig womit Sie gerade beschäftigt sind. Hören Sie zu, was man Ihnen zu sagen

hat. Legen Sie alles für kurze Zeit beiseite, Ihre eigenen Gedanken, Sorgen und Anliegen inbegriffen, und *hören Sie dem anderen zu.*

- **Seien Sie vertrauenswürdig.** Wenn man Ihnen etwas im Vertrauen mitteilt, sind Sie dazu verpflichtet, sich des entgegengebrachten Vertrauens würdig zu erweisen. In jeder Beziehung, in jedem Unternehmen ist das Vertrauen untereinander der emotionale Klebstoff, der die Leute zusammenhält. Vertrauen ist ein Grundelement jedes erfolgreichen Unternehmens. Man muss hart arbeiten, um Vertrauen zu verdienen – und doppelt hart, um es zu behalten.
- **Stellen Sie keine Fragen, an deren Antwort Sie nicht interessiert sind.** Solche Fragen, die für gewöhnlich in einer logischen Sequenz aufeinander folgen, ermutigen den Gesprächspartner nicht dazu, sich zu öffnen. Sie fördern die Kommunikation nicht.
- **Nehmen Sie keine Telefonate entgegen.** Wenn während eines Gesprächs das Telefon klingelt – lassen Sie es klingeln. Den Hörer abzunehmen würde nicht nur den Gesprächsfluss unterbrechen. Es wäre auch eine Beleidigung für Ihren Gesprächspartner; Sie würden ihm dadurch die Zeit stehlen.
- **Malen Sie keine Männchen.** Wer während einer Besprechung oder am Telefon Männchen aufs Papier kritzelt, gibt zu erkennen, dass er dem anderen nicht mehr zuhört und ihm keine Aufmerksamkeit mehr schenkt.

Die Kunst des Verhandelns

Tag für Tag haben Sie und ich mit anderen Leuten Verhandlungen zu führen. Manche davon sind von großer Tragweite, aber der weitaus größte Teil betrifft ganz alltägliche Dinge. Ein Beispiel: Meine Tochter kommt aus der Schule und möchte eine Limo trinken. Ich sage Nein und biete ihr stattdessen ein Glas Apfelsaft an. Daraufhin sagt sie, Grapefruitsaft wäre ihr lieber. Ich schenke ihr Grapefruitsaft ein.

Wenn meine Frau nach Hause kommt, beginnt unser üblicher Disput über das Abendessen. Sie möchte gern japanisch essen, mir steht der Sinn nach einem Hamburger, und unsere Tochter hat Appetit auf etwas vom Chinesen. Wir einigen uns auf mexikanische Küche.

Als ich den Vertrag für dieses Buch mit meiner Verlegerin aushandelte, lag vor mir auf dem Tisch eine lange Liste mit Punkten, die ich in den Vertrag eingeschlossen haben wollte. Vor meiner Verlegerin lag eine lange Liste mit Punkten, die sie in den Vertrag eingeschlossen haben wollte. Punkt für Punkt gingen wir unsere jeweiligen Listen durch. Wir entdeckten dabei, dass nicht alles gleich wichtig war; wir entdeckten außerdem, dass manche Punkte nur für einen von uns beiden wichtig waren. Nach und nach arbeiteten wir uns durch unsere Listen und kamen schließlich zu einer Einigung.

Nein, ich erhielt nicht *alles*, was ich haben wollte. Aber ich erhielt einen Buchvertrag bei einem guten Verlag. Nein, meine Verlegerin war nicht glücklich über *sämtliche* Provisionen, die sie mir schließlich zugestand, aber im Endeffekt bekam sie, was sie wollte, nämlich die Möglichkeit, das Werk eines guten, hart arbeitenden Autors zu publizieren. Letztlich fühlten wir uns beide als Gewinner, denn wir erreichten beide unser Ziel: einen Vertrag für dieses Buch hier.

Erfolgstipp

Eines der besten Bücher, die ich je über die Kunst des Verhandelns gelesen habe, ist *Getting What You Want* (Plume/Penguin) von Kare Anderson. Der Titel ihres neuesten Buches lautet *Resolve Conflicts Sooner* (The Crossing Press). Kare zählt zu den führenden Fachleuten der USA im Bereich von Überzeugungs- und Verhandlungstechnik. Nähere Informationen im Internet unter www.sayitbetter.com.

Sie müssen wissen, was Sie wollen

Bevor Sie sich mit jemandem an den Verhandlungstisch setzen, müssen Sie genau wissen, was Sie wollen. Ein Beispiel: Es steht eine Besprechung mit Ihrem Chef an, in der Sie um eine Gehaltserhöhung anfragen wollen. Bevor Sie in diese Besprechung gehen, sollten Sie überlegen, was Sie außerdem erbitten könnten. Bringen Sie möglichst viele Punkte vor und beginnen Sie dann zu verhandeln.

Außer der Gehaltserhöhung könnten Sie beispielsweise folgende Bitten vorbringen: flexiblere Arbeitszeit; mehr Urlaubstage; eine Erhöhung Ihrer betrieblichen Altersversorgung; die Mitgliedschaft in einem Fitness-Center; die Möglichkeit zur Teilnahme an Tagungen und Konferenzen.

Wenn Sie aus vielen Punkten wählen können, ist die Wahrscheinlichkeit umso größer, dass Sie mit Ihrem Chef zu einem für beide Seiten tragbaren Kompromiss finden können.

Haben Sie im Handel zu tun und ein Kunde bittet um einen Preisnachlass, sollten Sie diesen nicht ohne Gegenleistung gewähren. Der Kunde könnte beispielsweise den Auftrag aufstocken; oder Sie ändern die Zahlungsbedingungen, so dass für Sie eine höhere Anzahlung oder sogar eine Vorauszahlung herausspringt. Denkbar wäre auch eine Modifikation der Liefertermine.

Wenn es Ihnen gelingt, eine Reihe von Variablen in eine Verhandlung einzubringen – wovon die einen von großer Bedeutung, die anderen hingegen weniger wichtig sind –, wächst Ihre Chance auf einen erfolgreichen Geschäftsabschluss um ein Beträchtliches.

Betrachten Sie die Situation aus der Sicht des anderen

Mit Beginn der Verhandlung sollten Sie sich in Ihren Verhandlungspartner hineinversetzen. Stellen Sie sich vor, Sie wären in seiner Lage. Betrachten Sie die Situation aus seiner Perspektive. Fragen Sie sich:

- Was will er?
- Was braucht er?
- Was ist wichtig für ihn?
- Welche Ziele hat er?
- Wo liegen seine Absichten und Prioritäten?

Mit solch einem Ansatz haben Sie die besten Voraussetzungen, um zu Lösungen und Beschlüssen zu gelangen, die für beide Seiten akzeptabel sind.

Sind dann sämtliche Punkte auf den Tisch gebracht, kann darüber diskutiert und verhandelt werden, bis einer nach dem anderen gelöst ist.

Erfolgstipp

Suchen Sie nach den Geheimstrategien des anderen: Bemühen Sie sich, das zu entdecken, was für ihn *wirklich* wichtig ist.

Die folgenden Tipps werden Ihnen bei jeder Art von Verhandlung von Nutzen sein:

- **Identifizieren Sie die wesentlichsten Verhandlungspunkte und Problembereiche.** Welche Punkte spielen für Sie eine Schlüsselrolle? Und wie sieht es für Ihren Verhandlungspartner aus? Stellen Sie auf einem Block eine Liste dieser Punkte zusammen.
- **Suchen Sie nach Übereinstimmungen.** Studieren Sie die beiden Listen und überlegen Sie, in welchen Punkten Sie – zumindest partiell – mit der Position Ihres Verhandlungspartners konform gehen.

Haben Sie erst einmal einige Bereiche identifiziert, in denen Übereinstimmung vorliegt, können Sie diese als Fundament benutzen, um darauf aufzubauen.

Sie haben schon fast gewonnen, wenn der andere Ja zu sagen beginnt. Mit jedem Ja steigt die Chance, dass Sie sich insgesamt einigen werden. Bringen Sie den anderen dazu, oft genug Ja zu sagen, und er wird sich irgendwann Ihre Position zu Eigen machen und gleichzeitig seine eigene Position fallen lassen.

Hören Sie zu, was Ihr Verhandlungspartner zu sagen hat, und ermutigen Sie ihn durch geeignete Fragen zum Weitersprechen. Lassen Sie ihn seine Einwände vorbringen. Hören Sie zu, während er spricht. Stellen Sie weitere Fragen. Hören Sie zu. Stellen Sie weitere Fragen.

- **Finden Sie heraus, in welchen spezifischen Punkten Diskrepanzen bestehen.** Notieren Sie jeden einzelnen davon auf einem Block. Halten Sie auch fest, welche Position Sie und Ihr Verhandlungspartner dazu jeweils einnehmen. Wie weit driften Sie auseinander (bei jedem einzelnen Punkt)? Versuchen Sie herauszufinden, warum Sie sich nicht einig sind.
- **Suchen Sie nach weiteren Möglichkeiten.** Suchen Sie nach neuen Varianten oder Lösungen, die dem anderen zu den gewünschten Resultaten verhelfen können. Sie müssen lediglich genug Fragen stellen, und Sie werden herausfinden, dass es durchaus Dinge gibt, die zwar wichtig für Ihren Verhandlungspartner sind, aber nicht besonders wichtig für Sie. Umgekehrt wird es Dinge geben, die für Sie ganz entscheidend sind, für den anderen aber keine große Rolle spielen. Nützen Sie dieses Wissen als Verhandlungsbasis: Schlagen Sie für sich einen wichtigen Punkt heraus, indem Sie auf einen unwichtigen verzichten. Ihr Ziel ist nicht, den anderen in die Pfanne zu hauen. Verhandeln Sie so, dass Sie beide das erhalten, was Sie wollen, damit Sie beide als Sieger aus dem Rennen gehen.
- **Streuen Sie Samen aus.** Die allerbesten Karten haben Sie, wenn Sie den anderen dahin bringen, dass er Ihren Vorschlag für seine eigene Idee hält. Wenn er das Gefühl hat, die vorgeschlagene Lösung des Problems stamme von ihm.

Streuen Sie dazu Samen bei ihm aus – ganz zwanglos und dabei sehr subtil. Mit anderen Worten: Sorgen Sie dafür, dass er über die Situation nachdenkt. Sprechen Sie über das, was er haben möchte, und zeigen Sie ihm dann, wie er es bekommen kann. Dies ist eine sehr effektive Weise, jemanden zu beeinflussen.

Memo

Bemühen Sie sich nicht um Ansehen, sondern um Ergebnisse.

- **Schaffen Sie ein Vertrauensverhältnis.** Vertrauen ermöglicht Kommunikation. Vertrauen beinhaltet Verantwortlichkeit, Vorhersagbarkeit, Zuverlässigkeit. Täuschen Sie in der Verhandlungssituation niemanden darüber, wie Sie wirklich über eine Angelegenheit denken und empfinden.
- **Lockern Sie die Atmosphäre auf.** Humor ist ein sehr wirkungsvolles Verhandlungsinstrument. Humor wirkt entwaffnend; er entkrampft eine geladene Atmosphäre und kann beim Abbau von Spannungen von großem Nutzen sein. Schließlich können Sie durch den Einsatz von Humor häufig auch Ihre Position bekräftigen.
- **Überlegen Sie gut.** Nehmen Sie sich die Zeit, um nachzudenken. Die wenigsten Situationen erfordern einen sofortigen Beschluss. Wenn Sie sich die Zeit nehmen, um alles in Ruhe zu überdenken, können Sie die Vor- und Nachteile aller diskutierten Vorschläge gegeneinander abwägen. Außerdem können Sie in Ihre Entscheidung mit einbeziehen, wie sich der eine Punkt auf den anderen auswirkt.

  Vielleicht wäre es angebracht, eine weitere Besprechung anzuberaumen. Dann hätten alle Beteiligten die Möglichkeit, über die Positionen und Problembereiche der anderen nachzudenken.

Memo

Wenn Sie sich von jemandem Bedenkzeit erbitten, sollten Sie auch besprechen, wie viel Zeit Sie benötigen. Legen Sie verbindlich fest, wann Sie wieder auf den anderen zukommen.

- **Danken Sie dem anderen für sein Interesse.** Wäre er nicht interessiert an Ihrem Anliegen, hätte er sich gar nicht erst auf ein Gespräch, einc Unterredung oder eine Verhandlung eingelassen. Er wäre einfach gegangen.
- **Sagen Sie zum rechten Zeitpunkt: „No deal – es hat keinen Sinn."** Ihnen ist klar, was Sie wollen. Also sind Sie auch in der Lage zu entscheiden, welche Ergebnisse für einen akzeptablen Verhandlungsausgang erforderlich sind. Wenn Sie am Ende des Ganzen feststellen, dass Sie sich mit keinem der Lösungsvorschläge wirklich wohl fühlen – und sich Ihr Verhandlungspartner vermutlich ebenso wenig

wohl fühlt –, sollten Sie am besten auseinander gehen und sagen: „No deal – es hat keinen Sinn."

Jeder soll sich wie ein Sieger fühlen

Ihr ganzes Leben lang sollten Sie darauf achten, dass sich jeder Mensch, mit dem Sie in Berührung kommen, wie ein Sieger fühlen kann. Wenn Sie sich konsequent an diese Regel halten, werden sich all Ihre Beziehungen – geschäftlicher wie privater Natur – als für beide Seiten vorteilhaft und befriedigend erweisen. Konfrontationen bleiben aus, und Sie arbeiten mit Ihren Kollegen, Mitarbeitern, Kunden, Klienten, Zulieferern etc. in konstruktiver Weise zusammen, während Sie ein gemeinsames Ziel zu erreichen versuchen.

Betrachten Sie jedes Gespräch, jede Interaktion, jede Verhandlung mit einem anderen als eine Chance, mit ihm konstruktiv zusammenzuarbeiten. Ihre Haltung sollte sein:

„Ich möchte, dass Sie bekommen, was für Sie am wichtigsten ist, UND ich möchte bekommen, was für mich am wichtigsten ist."

Mit dieser Haltung haben Sie bereits einen Weg gefunden, die Dinge so zu regeln, dass Sie beide das bekommen, was Sie wollen, und sich damit wohl fühlen können.

Diese Haltung lässt Sie zu einem Team werden – nicht zu Konkurrenten. Sie arbeiten als Freunde zusammen, die ein gemeinsames Ziel erreichen wollen. Und wenn die Diskussionen vorüber sind, sollte jeder das Gefühl haben: Jawohl, die Entscheidungen, die wir getroffen haben, sind gut.

Memo

Maximieren Sie nicht Ihren Vorteil oder Profit. Maximieren Sie lieber die Chance, dass das Wiedersehen mit Ihrem Verhandlungspartner für beide Seiten erfreulich wird. Dann haben Sie einen wirklich guten Geschäftsabschluss erreicht.

Lassen Sie sich nicht auf einen Streit ein

In einen Streit zu geraten ist das Letzte, was Sie wollen, wenn Sie sich mit jemandem im Gespräch befinden. Ärger umnebelt Ihren Verstand und beeinträchtigt Ihre Fähigkeit, klar zu denken. Wenn Sie erst einmal mit Streiten begonnen haben, steht Ihre Position in der betreffenden Angelegenheit fest. Eine Lösung oder ein Beschluss, der für beide Seiten annehmbar wäre, rückt damit in den Bereich des Unmöglichen.

Wenn Ihr Verhandlungspartner Ärger zeigt, sollten Sie einen kühlen Kopf bewahren und sich nicht auf einen Streit einlassen. Hören Sie geduldig zu. Sicher werden Sie den Drang spüren, ihn zu unterbrechen und auf seine Behauptungen gebührend zu antworten. Geben Sie diesem Drang nicht nach! Es wird nur wenige Minuten dauern, bis Ihr Partner ausgeredet hat, bis sein Ärger verraucht und seine Energie aufgebraucht ist. Dann, wenn er sich beruhigt hat, können Sie ein vernünftiges Gespräch mit ihm führen.

Ihr Ziel ist, eine vernünftige Lösung für das Problem zu finden. Wenn Sie zornig sind, werden Sie das gewünschte Ergebnis nicht dadurch erreichen, dass Sie einen Wettbewerb im Schreien veranstalten und dem anderen sagen, welch ein !@#$*% er ist. Warten Sie lieber, bis Ihr erhitztes Gemüt wieder auf Normaltemperatur gekommen ist.

Streit zu vermeiden ist in jedem Fall die bessere Alternative. In diesem Zusammenhang sollten Sie auch Folgendes bedenken:

- Ein Missverständnis kann durch einen Streit niemals zufriedenstellend behoben werden. Hier ist Takt gefragt, Diplomatie, Versöhnlichkeit; eine dem anderen wohlgesinnte Haltung, die sich in dem Wunsch äußert, die Dinge aus seiner Perspektive zu betrachten. Diese Taktik wird Ihnen helfen, weit bessere Resultate und darüber hinaus das Wohlwollen des anderen zu erzielen.
- Wenn Sie mit geballten Fäusten auf den anderen zugehen, in kampfbereiter Haltung, wird er sich unwillkürlich selbst auf einen Kampf einstellen. Sie können niemanden zwingen, Ihre Meinung zu teilen, aber Sie können jeden sanft dahin führen, dass er Ihnen schließlich zustimmt. Sanftheit und Freundlichkeit sind immer stärker als Gewalt und Zorn.
- Die beste Methode, einen Streit zu gewinnen, ist die, ihn zu vermeiden.
- Wenn Sie wütend sind und das Gefühl haben, Sie müssten Ihren Zorn in einem Brief entladen, dann schreiben Sie einen Brief – aber versenden Sie ihn nicht. Legen Sie ihn ein bis zwei Tage in eine Schublade. Sprechen Sie mit einem engen Freund oder einem Familienmitglied über die Angelegenheit. Lesen Sie den Brief dann noch einmal. Wahrscheinlich werden Sie ihn danach nicht mehr abschicken wollen.

- Geschäftsentschlüsse sollten niemals auf einer emotionalen Reaktion beruhen. Warten Sie, bis Ihr Zorn verraucht ist, ehe Sie eine Entscheidung treffen.

Aber ich habe Recht …

Wie oft im Lauf eines Gesprächs wird Ihnen der Gedanke durch den Kopf schießen, dass Sie im Recht sind und der andere im Unrecht! Hüten Sie sich jedoch davor, Ihre – richtige! – Position mit viel Zeit-, Energie- und Emotionsaufwand zu stärken. Wie sollte der andere dann noch ohne Verlust seiner Würde eingestehen können, dass er Unrecht hat? Wie sollte er auf Ihre Position umschwenken können?

Sie wollen doch den anderen für Ihre Denkweise gewinnen. Dies erfordert ein einfühlsames und taktvolles Vorgehen. Lassen Sie den anderen immer das Gesicht wahren. Bringen Sie ihn nie in Verlegenheit. Wenn er keine Chance hat, seinen Irrtum zuzugeben, ohne sich eine Blöße zu geben, wird er seine falsche Position verteidigen, bis er schwarz wird.

Auch bringt es Ihnen keinerlei Vorteil, dem anderen wiederholt unter die Nase zu reiben, dass er im Unrecht ist. Sie würden dadurch eher Schaden anrichten, denn solch ein Verhalten löst beim anderen noch mehr Aufgebrachtheit, Ärger und Zorn aus. Dass Sie zu 100 Prozent im Recht sind, hilft Ihnen wenig, wenn Sie hinterher ohne Freund und ohne Beziehung dastehen.

Mein Vater zitierte gerne folgendes Gedicht:

Vergiss nicht die Geschichte von John Day,
der starb, als er sein Recht auf Vorfahrt verteidigte.
Er war sicher – todsicher! –, im Recht zu sein, als er dahinbrauste;
doch nun ist er nicht weniger tot,
als wäre er im Unrecht gewesen.

Wenn Sie im Unrecht sind

Wenn Sie im Unrecht sind, sollten Sie Ihren Fehler oder Irrtum eingestehen. Entschuldigen Sie sich bei den Leuten, denen Sie Unrecht getan haben; lassen Sie keinen Zweifel daran, dass Sie das Vorgefallene ehrlich bedauern. (Hoffen wir, man lässt Ihnen die Chance, dieses Eingeständnis unter Wahrung Ihrer Würde zu machen.) Erklären Sie, welche

Schritte Sie zu unternehmen gedenken, um den Fehler so zu korrigieren und/oder das Problem so zu lösen, dass die anderen mit den Ergebnissen zufrieden sein können. Und erläutern Sie auch, durch welche Maßnahmen Sie verhindern wollen, dass Ihnen Ähnliches wieder passiert. Wenn von der anderen Seite keine Einwände mehr kommen und Sie den Eindruck haben, dass man zufrieden gestellt ist, sollten Sie nicht länger auf diesem Thema herumreiten, sondern zum nächsten Punkt der Tagesordnung übergehen.

Machen Sie das Beste aus jedem Tag

Bemühen Sie sich, Ihr Allerbestes zu geben. Sie werden feststellen: Je mehr Sie sich anstrengen, je mehr Sie Ihre Fähigkeiten und Begabungen ausbauen, desto besser gelingt Ihnen alles. Aufgaben, die gestern schwierig waren, gehen heute leichter von der Hand. Morgen bereiten sie keine Mühe mehr. Man wächst mit seinen Aufgaben; man entwickelt sich weiter, man steigert sich. Es wird nie der Punkt erreicht, an dem man sagen könnte: Jetzt kann ich nicht mehr besser werden.

Sie werden – während Sie Ihre Fähigkeiten und Begabungen fördern, entwickeln und ausweiten – allerdings auch feststellen, dass es immer nur jeweils einen kleinen Schritt vorwärts geht. Es ist einfach eine Tatsache, dass das Leben nur selten Gelegenheit zu großen Veränderungen bietet; zählen Sie besser nicht darauf. Die meisten von uns müssen sich mit schrittweisen Fortschritten zufrieden geben. Konzentrieren Sie sich also auf ein moderates, aber dauerhaftes Wachstum.

Machen Sie morgen alles um 0,25 Prozent besser

Arbeiten Sie daran, Ihre täglichen Abläufe zu verbessern. Denken Sie über alles nach, was Sie im Verlauf eines Arbeitstages erledigen. Fragen Sie sich bei jeder einzelnen Tätigkeit: „Wie würde es ein wenig schneller gehen? Wie könnte ich es ein wenig besser machen?"

Verlangen Sie sich keine gewaltige Steigerung ab – viele winzige Steigerungen genügen durchaus. Verbessern Sie Ihre täglichen Abläufe um nur 0,25 Prozent pro Tag; Sie werden staunen, wie sich das auf Ihre Ergebnisse auswirkt. Am Ende jeder Woche werden Sie um 1 Prozent besser sein, am Ende des Quartals um 12 Prozent und am Ende des Jahres um 50 Prozent! Machen Sie weiter so, und Sie werden auf ein großartiges Leben und eine großartige Karriere zurückblicken können.

Setzen Sie sich Tagesziele

Wenn davon die Rede ist, sich selbst Ziele zu setzen, denkt man für gewöhnlich an Langzeitziele. In meiner Vorstellung sind Langzeitziele so etwas wie eine Wunschliste. Man will *dies* tun und will *jenes* tun und man will es zu einem bestimmten Zeitpunkt geschafft haben.

Die wenigsten Leute haben jedoch einen Aktionsplan, der ihnen sagt, was sie tun müssen, damit ihre Träume Wirklichkeit werden. Und ohne einen konsequent ausgeführten Aktionsplan bleiben all Ihre Ziele auf ewig Luftschlösser.

Wollen Sie aber Ihre Luftschlösser in bewohnbare Gebäude verwandeln, Ihre Träume und Wünsche verwirklichen, müssen Sie solche Langzeitziele in Bruchstücke zergliedern und diese auf einen gemeinsamen Nenner bringen. Sie dürfen den Blick nicht in weite Ferne richten; stellen Sie ihn scharf auf das, was jetzt und in nächster Zeit ansteht. Nach jeder abgeschlossenen Arbeit sollten Sie Ihre Masterliste befragen, welche Aufgabe von allen die wichtigste ist. Diese Aufgabe erledigen Sie sofort!

Memo

Der weiteste Weg beginnt mit dem ersten Schritt ... in die richtige Richtung.

Gehen Sie immer ganz bewusst mit Ihrer Zeit um. Fragen Sie sich: Werden mich die Arbeiten, Aufgaben und Projekte, mit denen ich gerade beschäftigt bin, meinem Ziel näher bringen? Weil Zeit eines der kostbarsten Güter ist, halte ich angemessene Planung für so unerlässlich.

Erfolgstipp

Mit einem gut durchdachten und konsequent ausgeführten Aktionsplan erreichen Sie das, was Sie haben wollen, viel leichter.

Setzen Sie sich Tagesziele und schlüsseln Sie diese in Etappenziele auf. Bevor Sie heute Abend nach Hause gehen, fragen Sie sich: „Was will ich morgen zu Wege bringen?" Aber belassen Sie es nicht dabei. Das wäre zu undifferenziert. Was wollen Sie morgen Vormittag erledigen? Welche

Aufgaben wollen Sie bis 9.00 Uhr, bis 10.00 Uhr, bis 11.00 Uhr geschafft haben?

Seien Sie spezifisch. Setzen Sie sich eine Deadline in unmittelbarer Zukunft. Lassen Sie sich nicht unterbrechen. Bleiben Sie auf Ihre Aufgabe konzentriert.

Jeder Tag ist ein großartiger Tag

Nehmen Sie sich vor, aus jedem Tag einen großartigen, produktiven und lohnenden Tag zu machen. Beginnen Sie, die nächste Woche bereits am Donnerstag oder Freitag dieser Woche zu planen. Sehen Sie Ihre Masterliste genau durch. Finden Sie heraus, welche der Arbeiten, Aufgaben und Projekte die wichtigsten sind – diejenigen, die sich für Sie am meisten auszahlen. Notieren Sie diese Aufgaben in Ihrem Kalender, reservieren Sie sich die nötige Zeit und nehmen Sie sich vor, am Montag Morgen als Allererstes diese Aufgaben in Angriff zu nehmen.

Montag Morgen. Sie kommen ins Büro, nehmen an Ihrem Schreibtisch Platz, legen die jeweiligen Akten bereit, schalten das Telefon ab, schließen die Tür (sollten Sie keine Tür haben, tut es auch ein Schild „Bitte nicht stören") und machen sich an die Arbeit. Haken Sie eine wichtige Aufgabe nach der anderen ab. Seien Sie entschlossen, einen sehr produktiven – und großartigen – Montagvormittag *und* Montagnachmittag zu haben. Bevor Sie abends nach Hause gehen, konsultieren Sie Ihre Masterliste und identifizieren die wichtigsten Aufgaben, die Sie anpacken müssen, um einen großartigen Dienstag zu haben.

Dienstag. Siehe Montag. Und so fort. Im Nu haben Sie eine großartige Woche, einen großartigen Monat, ein großartiges Quartal und ein großartiges Jahr hinter sich. Und wenn Sie diesen Modus Jahr für Jahr beibehalten, wartet eine großartige Karriere auf Sie.

Memo

Alles beginnt mit dem Entschluss, einen großartigen Montagmorgen zu haben.

Streben Sie danach, hervorragende Arbeit zu leisten

Streben Sie danach, hervorragende Arbeit zu leisten – in allem, was Sie tun. Dazu gehört, kontinuierlich hohe Leistung zu bringen; zu wissen, wie viel Sie wann geben müssen und welcher Zeitpunkt dafür der richtige ist. Hervorragende Arbeit ist das allmähliche Resultat aus dem Bestreben, es immer noch besser zu machen. Und als Führungskraft zählt es zu Ihren Pflichten, auch die anderen ständig zu ermutigen, ihr Bestes zu geben.

Sie werden hervorragende Arbeit leisten, wenn Sie Ihren Blick immer auf die jeweils nächste Sprosse der Leiter richten. Sprosse um Sprosse klettern Sie empor und unversehens werden Sie weiter gekommen sein und mehr Dinge erledigt haben, als Sie je für möglich gehalten hätten.

Denken Sie positiv

Hegen Sie stets positive Gedanken, während Sie durchs Leben gehen. Denken Sie an all das, was Sie zu tun imstande sind; an all das, wovon Sie träumen, es zu tun. Betrachten Sie Ihr Gehirn als fruchtbaren Garten; wenn Sie dort positive, aufbauende, ermutigende Gedanken säen, werden Sie Erfolg im Überfluss ernten können.

Absorbieren Sie Worte und Gedanken, aus denen Sie Kraft schöpfen und die Sie zum Erfolg motivieren. Beginnen Sie mit

Ich kann ...
Ich will ...
Ich werde ...

Um meinen guten Freund Bill Fletcher zu zitieren: „Erfolg kommt mit dem ‚ich kann‘. Nicht mit dem ‚ich kann nicht‘.“

Suchen Sie die Gesellschaft von Leuten, die Sie ermutigen und unterstützen

Suchen Sie die Gesellschaft von Leuten, die Sie ermutigen und unterstützen. Die positiv denken. Die Sie aufrichten. Die an Sie glauben. Denen Ihre Freundschaft wichtig ist. Leute, die sich an Ihrem Erfolg freuen, die Ihre Träume teilen und Ihnen bei deren Verwirklichung helfen wollen.

Zum Abschluss möchte ich Sie gerne einem meiner Lieblingsgedichte überlassen:

Wenn Sie denken, Sie seien geschlagen, dann sind Sie es,
wenn Sie denken, Sie wagen es nicht, dann wagen Sie es nicht.
Wenn Sie gewinnen wollen, jedoch denken, Sie schaffen es nicht,
werden Sie es mit großer Sicherheit nicht schaffen.

Wenn Sie denken, Sie werden verlieren, haben Sie verloren,
denn Sie werden feststellen, dass in der Welt da draußen
der Erfolg mit dem Wollen beginnt –
alles ist eine Frage der Einstellung.

Wenn Sie denken, dass ein anderer Sie in den Schatten stellt, dann ist es so.
Wenn Sie aufsteigen wollen, müssen Sie hoch denken,
Sie müssen sich Ihrer selbst sicher sein, bevor Sie jemals
den Siegespreis erlangen können.

Im Leben werden Kämpfe nicht immer von dem gewonnen,
der stärker oder schneller ist als die anderen.
Doch früher oder später gewinnt immer der,
der weiß, dass er es kann.

Unbekannt

Stichwortverzeichnis